はじめに
——家族関係・人間関係の悩みを解消して、幸せに生きるための一冊

6年間、毎週本音の人生相談を受けて学んだ
「良縁の活かし方と、悪縁の切り方」

既婚でも独身でも、人間関係を変えたいすべての人へ！

本書は「東洋経済オンライン」の「ミセス・パンプキンの人生相談室」へ**6年間にわたって寄せられた600件あまりの人生相談をもとに、家族関係・人間関係のさまざまな悩みやコンプレックスを幅広く取り上げ、その解決策や考え方を共に学ぶ一冊**です。

寄せられた相談の中から夫婦問題に特化したものを集めて大幅に加筆修正を施し、新規コラムを数多く追加しました。夫婦問題を題材にしていますが、その教訓は、独身の方にも当てはまるものを厳選しています。

また、後述していますが、私は約50年間にわたって、さまざまな人から家族関係や人間関係にまつわる人生相談を受ける機会が多くありました。

本書ではこの長きにわたって実際に体験し、また見聞きしてきた「夫婦関係の本音の悩み」から、狭義には家族関係の、広くは人間関係全般の改善方法に共通する教訓を、皆様と共に考えたいと思います。

結婚という縁を活かせず、悪縁に変える人々——「なんでこんな人と結婚したんだろう？」とならないために

「縁は異なもの味なもの」といいます。

夫婦のことは夫婦にしかわからないことが多く、基本的には夫婦のトラブルは夫婦で解決するべきだと、私は考えています。しかし**灯台下暗しで、案外当事者には判断しにくいことでも、第三者なら冷静に判断できることが多いのも事実**です。

数多くの相談にお答えして見えてきたのは、見ず知らずの相手だからこそ恥も捨て、

本音で相談してもらえていると感じることです。

小才は縁に出会って縁に気づかず
中才は縁に気づいて縁を活かさず
大才は袖すり合った縁をも活かす

名言・格言集などでもよく紹介される、柳生家の家訓です。戦国時代から剣に生きた人が、「人の縁の大切さ」をこれほど明解に家訓にしたことに、関心をもたないわけにはいきません。

これは現代に生きる夫婦関係にも当てはまると思いました。

結婚という重い約束を交わしたパートナーに対する小才・中才と、相談者を通じてたくさん出会いました。**せっかくの縁に気づかず活かさないどころか、背信行為や不誠実な態度に走り、居直るさまは驚くばかり**です。

「パンプキンさん、どうか助けてください」「パンプキンさんだけが頼りです」という切実な相談が引きも切らず、力不足ながら真剣に相談者に寄り添い、助言なり励ましを続けてきました。

もちろん柳生家のいう大才のように、夫婦になった縁を大切にし、愛情や絆を日々新たに積み上げ、ますます素敵で幸福な夫婦関係を築いている人も登場します。

私の助言の多くはこのような人たちの生き方を参考にし、同じ悩みを抱えていた人たちの反省や、取り戻せない大きな後悔と教訓がもとになっています。

悩みの「視点を変える」か、「人間関係をリセットする」契機に

人は自分が悩みの渦中にあるとき、出口が見出せない状態になっていることがほとんどです。しかし、第三者だからこそ見えることもあります。

長年人生相談を受けてきた中で、私自身も何度かはっと気づくことがありました。

そのひとつは、**渦中にある本人が少し心に余裕をもったり、わずかに視点を変えたりするだけで、トラブルにならずに済む問題が少なくない**、ということです。

たとえば「夫婦の価値観が違いすぎてつらい」という相談もあれば、「価値観がまったく違うからこそ、新鮮で面白い」という人もいます。

結婚セレモニーの手順から家事・育児分担まで、すべてが一昔前のトレンディドラマのようでないと愛情を疑う妻がいる一方で、そのすべてがなくても夫の愛情を信じ、満足している妻もいます。

箸の上げ下ろしにまで口を出す細かい夫がいれば、人付き合いで外出ばかりしている妻を「社交上手」と自慢する夫もいます。

つまり、パートナーからの愛情や信頼がすべて目に見える形で表現されないと安心できない人と、自分の中にパートナーへの愛情や信頼があれば、多少のすれ違いなど気にならない人の視点や考え方の違いが、人生に雲泥の差をもたらすのです。

さらに、お互いの違いを認め合い相手を尊重すれば、幸福に暮らすことができる可能性がもっと高まります。

他方で、**どう見てもいまの人間関係や環境をリセットする必要があるのに、お金や情などの問題が絡んであと一歩踏み出すことができず、この世から消えたいと思うほど悩みながら、その袋小路から抜け出せない人たちがとても多い**ことにも驚きました。

本書がそういった悩みを抱える人たちの背中を後押しするきっかけとなれば、うれしく思います。

焚き火の炎が消えかけているときに
——人間関係の「薪《たきぎ》をくべる」か、「炎を絶やす」か

私が感銘を受けた藤田昌孝牧師の言葉があります。その要旨を一部紹介します。

結婚生活で自分が幸せになるためにお互いの愛情を求めつづけるなら、行き着く先はろうそくの炎のように燃え尽きる運命にある。しかし自分以上に相手を幸せにしようと相手のことを考えて、励まし、慰め、感謝の気持ちで行動すれば、それらの優しい行為は、2人の愛情をより確かなものへと築き上げていく。炎でいうなら焚き火の薪で、たとえ最初にあった恋愛の薪が燃え尽きても、新しい薪がさらに大きく確かな炎になって燃えつづけるだろう——というものです。

私はかねがね、年月を重ねるごとに情愛や絆を深めていくカップルと、憎しみ合う人たちの違いを観察してきました。

その結果、諸事情は別として、前出の言葉に確信をもつに至っていましたので、これ

に出会ったときは、わが意を得たりと感激しました。愛情や心遣いをろうそくの炎ではなく、焚き火の薪のように燃やしつづけることができる人間性こそが、幸福な結婚には欠かせない条件なのです。

一方で救いようのない悪縁から抜け出せず、出口の見えない家庭の苦しみの中で、計らずも「不幸の継続」を選択してしまっている人にも、数多く出会ってきました。そのような人には、くすぶっている炭火を消し、前向きにリセットするためのエネルギーを使うよう後押しをしてきました。

家庭をもつ人も、家庭をもたないビジネスパーソンにも共通する「普遍的な人間関係の教訓」を一冊に

本書は、家庭問題を通じた人生相談という形式をとっていますが、**内容的には男女の問題やパートナーまたは家庭の有無にかかわらず、すべての人間関係及び、人生に関する本質的な問題を論じています**。

また私は、長きにわたってさまざまな人生相談を受ける中で、**仕事が順調に行く人と行き詰まる人では、家庭内での振る舞い方に大きな違いがある**ことも見てきました。

この意味で本書は、結婚していない若手のビジネスパーソンにも、公私共に通じる「人間関係の教訓」を見て取っていただけることでしょう。

結婚生活を送る夫妻には**「結婚生活の教科書」**として、未婚で結婚を考えている人には**「パートナー選びの教科書」**として、ビジネスパーソンには**「人の本質を見抜くための教科書」**として、またさまざまな人間関係に悩むすべての人に、**「人間関係の教科書」**として、ご愛読いただければ幸いです。

本書の読み方の留意点——「自分自身で判断するためのヒント」に

人生相談や具体的状況及び人間関係の問いには、絶対に正しいという回答はありません。それは、関与する人の価値観がそれぞれ異なるためです。

また、本書は寄せられた相談文の中からその本人が置かれている状況を推測し、仮定を置いて補足する必要があるものもいくつかありました。実際には、相談者が現実に置かれている状況とは、回答にあたっての前提が必ずしも合致しない場合も考えられます。

そして、私の回答は私の個人的な視点や価値観にも基づいています。

つまり、各相談ごとに関して想定している状況認識が一致していても、視点と価値観の優先順位の違いから、当然ながら読者の皆様の中には、違う結論に達する人もいるでしょう。

最後は個々人の観点や価値基準に応じて、それぞれの判断を下すのが重要だと思います。

その際に、少しでも多くの読者の皆様に参考となる**「多角的な視点や考え方」を提供**することが、本書の目的です。

さまざまな家族や人間関係の悩みを乗り越えた人からの教訓を、視点を変えて、その縁を良縁に変えるか、悪縁を断ち切る契機にしていただければ幸いです。

パンプキン

協力者からのメッセージ
――人生とビジネスで最も大切な人間関係を、劇的によくするための一冊

夫の悩み、妻の本音
――家庭でもビジネスでも共通する、人間関係の教科書

その人間関係、続けますか、それとも切りますか？

本書は、家族関係・夫婦関係に限らず、**人間関係や縁の活かし方と切り方を学ぶ一冊**である。

仮にいま、悩みの種となっている人間関係を切らずに継続するのであれば、視点を変えて関係改善を促す大きな手助けを提供するだろう。逆にばっさりと切ったほうがいい

人間関係であれば、その断固たる決意を後押しする一冊になるに違いない。

本書をお読みいただければ、じつは皆、家族関係や人間関係でいかに悩んでいるか、その実態と本音を見ていただけるだろう。日々SNSをしたり友人と話したりしていると、世の中で自分以外のすべての人は幸福と成功を謳歌しているような錯覚をおこすものだ。幸福な家族旅行、順調な昇進、起業や資金調達の成功などをはじめ「メディアに出演しました」「ビジネスクラスで旅行中です」「ロンドンで商談をひとつまとめました」「シャングリラホテルで結婚式をします」「子どもが名門・洛星中学に入りました」云々かんぬん……。

「隣の芝生は青い」とはよく言ったものだが、ネットやSNS空間、隣の芝、そしてそれを目にしたときの私たちの顔色は、それこそ真っ青なのである。

ところが実際のところ、**SNSで他人に見せたい虚勢の世界と、悩みに苦しむ現実の間には、途方もなく深い孤独な闇がある。**

たいていの悩みごとなら、家族や恋人、友人が悩みの相談に乗ってくれることだろう。**しかしその悩みの種が、何でも相談したいはずの最も近しい家族だったとき、あなた**

ならどうするだろうか？

きっと、その極めてプライベートな悩みは誰にも相談されることなく、袋小路に迷い込んでしまうだろう。

そこで多くの人たちは、ふとネット検索や「Ｙａｈｏｏ！ニュース」で目にした人生相談の専門家であるミセス・パンプキンに、誰にも言えない本音の苦しみを相談するのだ。

そんな相談者たちに寄り添い、ときに癒やし、ときに激励してきた集大成が、この一冊にまとめられることとなった。

本書の特徴：６年間６００件の家庭・人生相談のすべてのエッセンスを一冊に

ミセス・パンプキンは２０１３年の「東洋経済オンライン」連載開始から6年間、じつに６００件以上の人生相談を受けてきた。パンプキンに寄せられる相談は私も目を通しているため、結婚生活の悩みごとのあまりの多さに、「自分は独り身でよかった」と妙な安心をするのであった。

また同時に**「これほど長きにわたって、広範な家庭問題にまつわる人生相談を受けてき**

た人物は、パンプキンをおいてほかにいないのではないか」と感じるようになった。

連載開始から6年目のいま、寄せられる質問の数々は、既視感あふれる同じような相談が非常に増えてきた。

これは言い換えれば、**600件もの家庭や人間関係にまつわる相談を受けてくると、世の中の大半の家庭問題や人間関係の悩みのパターンは、すでに網羅されている**ということも意味する。


その600の人生相談は夫婦や家族問題に特化すると7つのカテゴリに分類され、それらがそれぞれ、本書の各チャプターを構成している。

①コミュニケーション
②お金
③浮気・不倫
④暴言・暴力・虐待
⑤子ども
⑥義父・義母、親族
⑦離婚後と再婚

本書では、**夫婦問題に関連する相談文の中から重複を避け、類似の相談が多かった「典型的な問題パターン」を40ケース厳選**した。これを読むことで、**実際にはその何倍もの相談文を読むのと本質的には変わらない経験をしていただける**だろう。

また、本書をお読みいただければ、**自分だけが悩んでいると思っていた人間関係のコンプレックスが、じつは多くの人が同じ悩みを抱えているということに気づいていただけるだろう**。

なお、各ケースの最後は「人間関係最高の教訓」という短い教訓でまとめられている。

これらは**家庭の有無にかかわらず、私のようなビジネスパーソンが、ビジネスにおける人間関係を考えるうえでも共通する「人間関係全般の教訓」を、共に考えるため**である。

本書の対象読者：未婚者と既婚者、そして離婚者を対象にした、「人間関係を改善する教科書」

本書は、**家庭や伴侶をもたない若手のビジネスパーソンや、独身で生きることを選ん**

だ人も対象にして執筆されている。

パンプキンへの相談は、子どもから高齢者まで男女を問わず多岐にわたっており、多くの人にとって汎用性が高い「人間関係の教科書」をコンセプトに、本書は制作されている。

苦しみの中でも、自らの考え方を変えることで人間関係を改善させようという人には、前向きで励まされるメッセージを受け取っていただけるだろう。そして、「みんな同じように悩んでいるのだ」と、自分だけが特別に不幸ではないことに気づいていただけるだろう。

逆に、とんでもなく不誠実な相手と出会ってしまい悪縁に苦しむ人には、別離や離婚が必ずしも不幸でも哀れでもないことに気づかせてくれ、人間関係の損切りをし、人生をリセットする勇気を与えてくれることだろう。

多くの人に手にとっていただき、5カ国で出版された『一流の育て方――ビジネスでも勉強でもズバ抜けて活躍できる子を育てる』（ダイヤモンド社）から3年近くの歳月が流れた。育児にまつわる55カ条の教訓に対し、今回は夫婦関係にまつわる40カ条の教訓である。２冊合わせて約１００に及ぶ家族関係・人間関係の教訓となるわけだが、私自身、多くの人との人間関係が変わる教訓に満ちた本であった。

『一流の育て方』のテーマは「20年後、子どもに感謝される育児法」だったが、今回の『あらゆる悩み・不満・ストレスが消える！　最強の人生相談〈家族・結婚・夫婦編〉』は、**人との縁を活かす視点のもち方を広め、そしてときに悪縁を断ち切る決断を後押しすることが目的**である。

多くの人の人生にとって、家族ほど大切な人間関係はないと思うのだが、その関係をよくする方法を体系的、網羅的に学ぶ機会はない。

そんな、人生で最も大切な人間関係をよくするための一冊に、再びわが母ミセス・パンプキンと携わることができたことを、たいへんうれしく思う。

本書が家庭及びビジネスにおける、公私にわたる人間関係を大きく改善させる契機となることを、願ってやまない。

ムーギー・キム

［目次］あらゆる悩み・不満・ストレスが消える！
最強の人生相談〈家族・結婚・夫婦編〉

ケース2 感情がない暗い性格の夫 047
家庭に無関心な夫との会話は、ほぼゼロ。
一人芝居のような毎日の不満を解消するには？

性格・価値観が合わない

ケース3 裏表が激しい、ヒステリックな妻とどう接するべきか？ 057
恋愛感情なしで見合い結婚した妻の顔色をうかがう毎日。独身に戻りたい

すれ違いの結果……

ケース4 仕事を優先した結果、夫の気持ちが離れていた 066
夫は単なる同居人と化し、5年間夫婦関係なし。
子どもが欲しいが、いまからやり直せるか

ケース5 甘やかしてきた25歳年下の妻が家出 073
家事育児をほとんどしなかった若妻から、突然の離婚宣言。
義理の両親からも離婚を促され……

第2章……
金の切れ目が縁の切れ目!?「お金」の悩み 081

「金の切れ目が縁の切れ目」とならないために
——対等な夫婦関係の維持に、必要なものとは? 082

浪費癖

ケース1
浪費家の妻の金銭感覚を正常に戻すには? 084
物欲に歯止めがきかず、自分のものはすべて一流品。なのに交際費には極度にケチな妻

ケース2
嫁ぎ先が金持ちすぎて、玉の輿に乗り切れない 092
夫の両親所有の億ションに住みながら、金銭感覚の違いに困惑。子どもへの悪影響は?

生活費を出さない夫

ケース3
お金にルーズな夫の子を妊娠、中絶すべきか？
生活費を支払わず、私のカードを勝手に使う夫。
子どもを産んだら後戻りができない？
100

ケース4
生活費を払わず、離婚をちらつかせ私の愛情を試す夫
妊娠をきっかけに子連れ再婚。子どもが生まれてすぐ「離婚したい」と言われたが……
109

借金でギャンブル

ケース5
「飲む・打つ・買う・殴る」の四拍子そろったマザコン夫
夫への愛情からここまで耐えてきたが、
不眠、食欲不振、妄想が続く毎日に、もはや一家心中？
117

第3章……

絶対許せない！「浮気・不倫」の悩み 127

「不倫で得た幸せ」の危険な末路
——不倫は根本的な不誠実さ・無責任さの象徴 128

夫の浮気・不倫

ケース1
「浮気はやめない」と開き直る、不倫中毒の夫
何人もの女性と関係をもってきた夫の「改心」を信じられるか？ 130

不倫する夫に未練

ケース2
不誠実な夫と別れられない 139
浮気相手と一緒に仕事をする毎日、朝帰りする夫……
つらい気持ちにフタをして生きるのが限界に

風俗

ケース3
子どもの幸せのため、風俗狂いの浮気夫と縁を切るべきか
大好きな仕事をつまらない男のためにあきらめてしまったと後悔。この先どうする？ 148

妻の浮気・不倫

ケース4
不倫は「プライバシー」？
自殺を図った私に対し、不倫相手を「心の支え」だと断言する妻。不倫も配偶者のプライバシーとして尊重すべきなのか？ 157

不倫の代償

ケース5
ダブル不倫の末、相手の子を出産。ところが、突然音信不通に
妊娠を告げたとき「陰ながら支える」と言った彼。どうしても現実を受け止めきれない 166

浮気で離婚、その後
ケース6
私の家庭を壊した女が幸せになるのは許せない！
元夫と不倫をした女性が、別の相手と幸せな結婚生活を築いているのは不公平ではないか 174

第4章……どこまで耐えればいいの!? 「暴言・暴力・虐待」の悩み

181
暴力は耐えれば耐えるほど、エスカレートしていく
――「自分が悪い」というマインドコントロールから抜け出そう 182
モラハラ
ケース1
「お前は異常だ」「バカだ」17年間繰り返されてきた夫の暴言
結婚当初からガマンしつづけた罵詈雑言にもう耐えられない。
息子の自立を機に離婚するべきか？ 184

ケース2
「子どもを堕ろせ」という暴君夫に怯える、無職無収入の生活 192
私を使用人扱いし、アラ探しをしては怒鳴る夫。
妊娠中で無職のため離婚は考えられず、先が見えない

ケース3
妻や義母からの罵倒に耐えられず、死がよぎる毎日 200
育児や行事に関する親族間の軋轢やすれ違いに出口が見えない。
今後どう向き合うべきか？

暴力・虐待

ケース4
殴る、蹴るの夫の暴力が止まらない！ 209
近隣住民が児童相談所に連絡をするほど、夫の虐待がエスカレート。
家中の家具も壊れて悲惨な状態に

「心の病」で暴力

ケース5
精神疾患をもつ夫の暴力に耐える日々に限界 217
派遣社員で働きながら家計を支え、毎日の育児と夫の暴力に疲れ果てた

第5章……
いいこともあれば、悪いことも……「子ども」の悩み 227

両親がそろっているほうが悲惨な場合もある
――「子はかすがい」の逆コース？「自分ファースト」な親たち 228

子育てへの無関心

ケース1
子どもに関心のない夫は真のパートナーではないのか
夫と相談しながら一緒に子育てをするのが理想だったが、夫は子どもに無関心。家庭が崩壊寸前に 230

いじめ

ケース2
ガキ大将の息子は「悪意なきいじめっ子」？
悪気のないい子どもの行為が「いじめ」になってしまった！弱者の痛みを知り、共感できる子に育てるには？ 239

お受験
ケース3
憧れの私立小にわが子を入れるのは親のエゴか
果たせなかった自分の思いを子どもに託したいが、家族は反対。私の考えは間違っている？
247

ママ友
ケース4
ママ友がいないと子育てに苦労する？
人付き合いが苦手で、友達がいない私。子どもへの影響が心配でならない
254

虐待
ケース5
子どもの「自己肯定感」を下げる夫のモラハラ
トップの営業マンである夫の子どもに対する罵詈雑言や高圧的な態度。止めさせる方法は？
264

子どものいない夫婦

ケース6 子どもが産めない女性は、欠けている？ 271
ストレスのせいで子どもができなかったが、他人の子どもを見るたびにつらく、気持ちの整理がつかない。この先どのように過ごしたらよいか？

第6章……もう、ガマンの限界！「義父・義母、親族」の悩み 279

「耐える嫁」は、絶滅危惧種ではなかったのか!?
――『おしん』と『渡る世間は鬼ばかり』の違いとは 280

夫の実家とのトラブル

ケース1 嫁と姑の確執勃発！ 夫はどちらにつくべきか 282
嫁と姑が争い、お互いに譲らない。間に立った自分がとるべき行動は？

親族付き合い

実家同士の価値観の相違

第1章

ささいな行き違いが
大問題に発展!?
「コミュニケーション」
の悩み

「夫婦は一日にして成らず」

――価値観の多様化に伴う、コミュニケーションの重要性

夫婦とは、もともと生まれも育ちも異なる他人同士です。夫婦としてお互いがより居心地よくなる関係の構築には、どんなに気の合った者同士の結婚でも、相互コミュニケーションの努力が必要です。

結婚前に「価値観が合う」とか「運命の人だ」と思っても、暮らしてみてはじめて知る価値観や生活習慣の相違などは避けられません。

ところが年季が入った夫婦では、価値観がほぼ一致しているように見えることは、珍しくありません。それは、夫婦の歴史そのものであり、夫婦の情愛に基づいたさまざまな知恵や工夫、努力が積み重なったことによる賜物です。

ここで重要なのは、その年月の過ごし方です。

「結婚生活は最初が肝心」と、よく言われました。これを私なりに言い換えると、「不満はためるな」「火事は小さいうちに消せ」となります。


結婚生活のスタート時にはガマンできた、**夫や妻のささいなワガママや性格の違いからくるコミュニケーションギャップ**――**これが積弊となり、もはや話し合いでは修復不可能な大きなすれ違いに発展する**ことは少なくありません。


この章では、自分が不快と思うことは相手に事前に伝えること、人の短所は視点を変えるだけで解消できることが多いこと、長い結婚生活では、「触らぬ神こそたたる」こと、愛とは個人の自由でなく相手への思いやりであること、そして最初の期待値合わせの大切さを一緒に考えます。

本章は、**いかに毎日の意思疎通が大切か**を考えさせてくれるはずです。

他人同士が一緒に暮らすうえで、健全なコミュニケーションは欠かせません。**価値観が多様化した現代に「言わなくても解ってくれる」は、もはや通用しない**のです。

それでは、実際の相談事例を共に見ていきましょう。

会話がない・つまらない

ケース1

妻との会話が死ぬほどつまらない！

ドラマやワイドショー、人の悪口しか話さない妻の話をやめさせたい

私の困った!!

恥を忍んで告白しますが、私は妻との会話に何の意味も楽しみも見出せない者です。

世の中で妻との会話ほどムダでバカバカしいものはないと思っています。

なぜなら妻の会話の90％はドラマとワイドショーの話、残りの10％は他人の悪口だからです。

家庭での会話が、死ぬほど低レベルでつまらないのです。

私は妻を心の底から軽蔑しています。しかしその感情は決して表に出さず、ずっと家庭ではウソをつきとおしています。しかしながら、これでいいとは思っていません。

とにかく、妻にいまのような会話をやめてほしいのです。

私のような愚かな夫に何かアドバイスがあれば、よろしくお願いいたします。

原田（仮名）

パンプキンからのアドバイス

嫌なことは、はじめから「嫌」と言うべし。家庭内で演技してはならない。

夫婦関係の熟成に大切なのは、率直なコミュニケーション

私の結婚当初のころの記憶です。

私が夫に、何気なく近所の人の話を始めたときのことです。

話しはじめてすぐの段階で**「自分に近所の人の話をしないでくれ。まったく関心がないから」**と夫に言われました。

それで私は近所の噂話を、夫の前では二度と話さなくなったのです。

ガマンして聞いてもらわずに、最初からきっぱり言ってもらって本当によかった、といまさらながら思います。

昔は**「畳と女房は古いほどいい」**と言われましたが、現代では**「ワインと夫婦は古いほど味わいが出る」**と言うほうがピンとくるかもしれません。年季が入った夫婦は価値観の違いも尊重し合い、何をすれば相手が嫌がるかは、少なくとも熟知して言動を選ぶようになります。

連れ添う年月が長いほど、いい意味でお互いが空気のような存在に、あるいはあうんの呼吸になり、お互いに居心地がよくなるというような意味でしょうか。夫婦がそのように熟成するには、お互いを尊重し合い、率直にコミュニケーションを行う姿勢が欠かせません。

原田夫人（相談者の妻）は、自身が興味のあるワイドショーの話を、あなたの完璧な演技で、あなたもその話を聞くのを楽しみにしていると思い込んでいる恐れがあります。

この意味で、あなたのことをよく理解するべき夫人の目を曇らせているのは、原田様自身です。

まずはあなた自身が関心のないドラマとワイドショーのゴシップ、そして他人の悪口は自分に絶対しないよう、夫人に明言するべきです。

「時間泥棒」は、家族さえガマンすればいい問題ではない

最も身近にいる人の空気を読めない人は、家庭外でもその過ちを犯しがちです。

夫人から延々と関心のない話を聞かされる、他人の気持ちを想像してください。他人はもっと注意しにくく、それは一種の暴力です。即刻、改めさせる責任があなたにはあります。

原田夫人のような人は結構います。

あるとき私の友人が、「最近親しくなった」という「かしましさん」（仮名）を、私たちの会食に連れてきました。

そのときのことをいま思い出してもドキドキするのですが、彼女は自己紹介もそこそこに、「今日ね、夫を送ったあとにイヌを散歩させて、そのイヌが云々……それからテレビのあの番組を観て、その内容はこれこれで……」と時系列に、私たちが出会う直前までの「一日の出来事」を、「箸が転んだ」というレベルのことまで息もつかずに話し出しました。

私は彼女を連れてきた友人に「この人、どうしたの？」と目配せしますと友人は笑って、「いつもこうなのよ。たまにはこういう人も面白いでしょ、しゃべらせてあげて」と言うではありませんか。

私たちが聞かされた話に加え、私たちと会ってからの話を、その日の夜に夫君《ふくん》にたっぷり報告するのが日課だそうです。

後日、かしましさんからあるパーティーで夫君を紹介されたとき、私は彼女の前で、「毎日の夫人の報告、イヤじゃないですか？」と冗談めかして彼に聞きました。

すると、なんと彼は**「最初はびっくりしたけど、もう慣れましたよ。それに妻は早口なので、1～2時間聞くだけです。それがわが家の平和の源泉ですから、たやすいことです」**と言うではありませんか。

彼とは初対面でしたので、「夫さえガマンすれば済む問題ではない」と忠告するのは控えました。その代わり、かしましさんを紹介してくれた友人には、「彼女に二度と会わせてくれるな」と伝えました。

時間泥棒は、他人の人生の時間を奪うことです。そして**夫婦共々、そのレベルの人間に見られるのです**。あなたさえガマンすれば済むという問題ではありません。

伴侶が怠けているときほど、自分はより建設的に

昔、『積木くずし』という本（桐原書店）とドラマが流行りました。当時、家族が崩壊

したことを指す言葉として使われました。

家庭を築くということは、夫婦の一方ががんばっても他方の一瞬の怠慢やミスで崩壊することがあるのはまさに積み木と似ていて、うまく言い得ていると思います。

さて原田様、夫婦げんかにならなかっただけでも、あなたはご立派です。しかし夫婦は共同作業の相棒ですから、夫人が怠けているときほど、ご自身が建設的でないと「積木くずし」の二の舞です。

夫人はこれから年を重ねるにつれ、他者との会話時のＴＰＯを読まねばならない場面は増えていきます。そのための学習や、お互いの意見を忌憚《きたん》なく話し合える関係をつくるのも、夫婦の大切な共同作業です。

夫婦の共同作業は、結婚式のケーキカットだけ？

私はときどき、**「いまどきの若い人は、結婚式を挙げれば理想の家庭が待っていると錯覚しているのではないか」**と疑うことがあります。結婚して数年も経たない性格の不一致離婚を聞くたびに、**完成した積み木や完成したプラモデルにしか興味がないのでは**

ないかと思ってしまいます。

いくら大恋愛で一緒になっても、意見や生活習慣の違いはあるものです。**結婚とは2人が歩み寄りや調整を繰り返し、新しい家風をつくっていくもの**です。

「ドラマやワイドショーの話題は耐えられないほど嫌いだから、自分の前では絶対しないでほしい、それなら沈黙のほうがずっとうれしい」と伝えるのは、希望というより、先ほど話した対外的な理由であなたの義務なのです。

一緒に外に出かけたりして、ワイドショー以外の共通の話題を増やすとか、もしくは夫人がほかに趣味か仕事をもてるよう原田様が協力してあげるなど、努力をそちらのほうにシフトされてみてはいかがですか。

妻は夫次第、夫は妻次第といいます。

性格的にあなたは夫人に負けているようですが、お互いの幸せのためにここは勇気を出して、**まずあなたから意思表示を明確にするべき**です。

俳優でも家庭では演技しません。努力や工夫をする前にガマンしたり、相手を軽蔑したりしてしまうのは、まだまだ早すぎます。

【このケースに学ぶ3つのポイント】

☑「時間泥棒」は、家族さえガマンしたらいいという問題ではない。

☑妻は夫次第、夫は妻次第。伴侶が怠けているときほど、自分は建設的に。

☑夫婦間で演技をしてはならない。

人間関係
最高の教訓
1

相手に対して不快に思うことは、伝えるのが誠意。
率直に伝える前に軽蔑するのは、時期尚早である。

ケース 2

感情がない暗い性格の夫

家庭に無関心な夫との会話は、ほぼゼロ。一人芝居のような毎日の不満を解消するには？

私の困った!!

子どもや私、お互いの両親を顧みない、家庭に無関心な夫に悩んでいます。

私と夫は30代、夫とはお見合い結婚で、2歳の女の子がいます。夫は家族に愛情がなく、わが家は私の「一人芝居」のように思えてなりません。

夫は一人っ子なので、当初はおっとりした性格なのだと思っていました。いま結婚3年目ですが、どうも夫の性格は、おっとりしているのではなく、よくいえば何ごとにも「淡泊」、悪くいえば「無関心」ということに気づきはじめました。

近くに住む夫の両親と親しく付き合うわけでもなく、かわいい盛りの娘と遊ぶわけでもありません。もちろん娘の世話は、専業主婦である私がすべてひとりでしてきました。

私が気合いを入れてつくったお料理に対しても、何の感想も言いません。毎回の食事の支度にも張り合いがなく、たまの休日の外出や外食も、すべて私が提案しないと始まりません。

よその家のマメなパパたちを見たり人に聞いたりするたびに、「夫の家族に対するこの無関心ぶりは、私たちに愛情がない証拠かもしれない」と不安になり、落ち込むことが増えてきました。

実家の両親も私たち家族が年に一、二度しか顔を見せないのが不満で「娘を盗られたようだ」と言います。

このように性格がかみ合わない夫婦が、末永く幸せに暮らしている例はあるのでしょうか？

匿名

パンプキンからのアドバイス

淡泊で無関心に見えて、人情深い人も多い。自分の視点と解釈を変えてみよう。

性格の不一致は、解釈次第でうまくいくことも

家庭へのイメージ、考え方の違い、コミュニケーション不足に悩んでいる夫婦は多いものです。

一方、それが夫の性格だからと割り切り、エネルギッシュに「一人芝居」で家庭を切り盛りする人も、私はたくさん知っています。

まずご質問に答えますと、性格のかみ合わない夫婦が末永く幸せに暮らしている例は、たくさんあります。

私のある友人は**「夫の性格でいちばん気に入っている点は、無口で淡泊でしつこくないところ」**だと言います。すべて自分に任せてくれるのでやりやすいというのです。

このように、**解釈次第でずいぶん受け止め方も変わってきます**。

相手ではなく、自分の視点と比較の対象を変える

生来の性格にもよりますが、養育者の価値観などの影響で、愛情表現どころか感情表現さえも、うまくできない人がたくさんいます。

いわゆる「男は黙って背中で勝負、べらべらしゃべるのはみっともない」という考えです。

夫君の「無関心」の原因が、あなたがよその家のマメなパパたちと比較するあまり「その本質が見えない」だけなのか、あるいは「本当に無関心であなたや子どもに愛情もない人」なのか、この段階では判断をつけかねます。

しかしこういうとき、私たちが参考にしたいのは、マメな夫のいる妻の生き方ではなく、**よくいえば淡泊、悪くいえば家族に無関心に見える夫と、末永く幸せに暮らしている妻の生き方**のほうなのです。

相手を変えるのは難しいものです。このような悩みがある場合は、自分の受け止め方を変えること、もしくは自分流を貫くこと、あるいは楽観的になるほうがうまくいきます。

長い時間がかかっても、**あなたの影響で変わった部分は儲けもの、変わらなかった部分は「それも個性」と認める**ことです。

以下に、ぜひ参考にしていただきたい2つのケースを紹介します。

【参考①】夫婦の会話は一人芝居でも、「家庭のことはすべて自分の思いどおりだった」と満足した例

私の親友の節子（仮名）の夫は、淡泊で何ごとにも無関心な人です。彼女はそのことに数年間悩んだのですが、その末に編み出した夫婦円満の秘訣は傑作でした。

夜中に赤ちゃんが泣くと、節子の夫は彼女をキッとにらみつけます。彼女は「はいはい、私の連れ子だから（当然、夫婦の娘です）、外に連れ出しますよ」と独り言のように言って、冬の寒い季節でも関係なく、寒空の下で赤ちゃんをあやすのだそうです。

家族の大事なことをたずねても、夫は返事がないか、聞こえないかのどちらかなので、「このようにしますか？　はい、このようにするのですね」と、彼女が独り言のように話すことですべてが運び、問題が起きたことはないそうです。

あるとき、料理上手な彼女がつくったフランス料理の手の込んだソースの上に、夫が黙ってウスターソースをかけて食べはじめたときは、彼女は失神しかけたそうですが、「食卓をひっくり返す人もいるのだから」とガマンしたそうです。

こんな夫が30年後、娘に「お母さんのお料理をしっかり味わって食べなさい。舌が覚えているから、料理上手な人になれるよ」と言ったときは、あまりの驚きに知り合い間でちょっとした衝撃が走ったほどです。

彼女いわく「夫は下手なパントマイマーで、自分は一人芝居の名女優だ」とのこと。「夫婦円満の秘訣は密なコミュニケーションだ」と強調したい章ではありますが、「ない物ねだりしなければ自分の思いどおりにできる」と解釈する人もいるという例でした。

【参考②】妻の微笑みは、朝の太陽に勝る

次は、私の甥の話です。「あいさつが苦手な青年」が、妻の影響で「明朗快活な人間」に変身した事例です。

甥はとても無口なうえ、親の教育のいたらなさもあって、あいさつがとても苦手です。

目上の人にもタイミングのずれた目礼しかできないので、相手によっては「無視された」と気を悪くするほどです。

そんな甥にある人が、由子さんという美人で上品なお嬢さんを紹介してくれました。甥は誠実で賢く仕事熱心ですが、外見はとても地味です。彼のよさを、育ちがよくて物静かなこのお嬢さんが見抜いてくれるかどうか、私はハラハラしていました。

彼女は表面的なことで甥を判断することはなく、交際ののちに2人は結婚しました。それから30年以上経ちますが、いまでも彼女は微笑みが絶えず美しく、気品は衰えないどころか増しています。

私がはじめて2人の家を訪問したとき、100ワットの電球がついているような明るい雰囲気に仰天しました。3人の子どもたちもそれぞれ品よく明るく、心からのあいさつと会話ができる、立派な成人に育っていました。甥の家族は、全員が「由子カラー」に染まっていました。

「子どもたちが皆、甥に似なくてよかった」と由子さんに感謝しましたが、話はそれだけでは終わりません。**昔はとても無口だった甥が、信じられないくらい表情も会話も明るくなっていた**のです。『北風と太陽』で太陽が勝ったシーンを見ているようでした。

由子さんは物静かな人なので、口やかましく甥を教育したとは思えません。きっと、甥の欠点を認め、どんなときも甥を大切にしてくれていたのでしょう。**彼女の夫への敬愛や聡明さ、心優しい日常の流儀が、朝の陽ざしよりも明るく家族を照らした結果**だと周囲の人たちも言っています。恐ろしくワガママで気がきかない彼女の姑（私の姉）でさえ、彼女に「エンジェル」というニックネームを付けたほどです。

あなたの夫は性格が暗いのに対して、あなたは明るい人なのだと思います。あなたのお話を聞いたとき、いちばんに由子さんのことを思い出しました。私の周りには、このような組み合わせでうまくいっている夫婦はいくらでもいます。

実家との関係も、自分主導で決めてしまおう

ここは、複雑に考えないほうがいいでしょう。外食も家族の行事も、全部「あなた主導」という話ですが、私の周囲では、むしろそのスタイルが主流です。あなたがどんど

ん主導権を発揮すればいいのです。そんなあなたをうらやましがる人も、じつはたくさんいるのです。

あなたの夫は物事に対して細かくない人のようですから、**あなたが実家へ頻繁に帰るようになっても問題ない**はずです。当面は、あなただけが里帰りすればいいのです。

里帰りは夫婦がそろわなければいけないということはありません。**物事に細かい人は、親の死に際の見舞いまで、ありとあらゆるものに指図してくるものです**。

また、**年を重ねるにつれて、ほとんどの人は成長します**。おのずと共通の関心ごとや会話が増え、逆にお互いの沈黙も気にならなくなるのが夫婦です。

それまでは夫のいい点を認めて尊重し、あなたまでが寡黙にならず、希望などをその都度伝えていきましょう。ここは、夫が口うるさくないことを幸いに考え、自分主導で家庭を運営されることをおすすめします。

【このケースに学ぶ3つのポイント】

☑ 内向的で感情表現が下手でも、愛情の深い人は存在する。

☑ 非常識に見える性格も、受け止め方次第で長所や利点になることが多い。

☑ 相手が無関心なら、自分主導で行う契機ととらえる。

人間関係

最高の教訓 2

人の短所は、視点を変えることで気にならなくなることが多い。自分の明るさで、相手の暗さに灯りをともすこともできる。

ケース3

性格・価値観が合わない

裏表が激しい、ヒステリックな妻とどう接するべきか？

恋愛感情なしで見合い結婚した妻の顔色をうかがう毎日。独身に戻りたい

私の困った!!

見合い結婚した妻への嫌悪感がつのり、離婚を考えています。

私は結婚歴15年で、妻と2人の息子がいます。

私たちはお見合い結婚で、妻のしっかり者で明るい性格が親の目にかない、恋愛感情ももたないまま結婚しました。

結婚当初はお互いの性格や価値観にずいぶん開きがあると感じていましたが、恋

愛感情で盲目になるよりいい選択だと思っていました。

妻には結婚当初から、「妻として母としてこうあるべきだ」というひとつの理想があったらしく、その理想の実現に向かってがむしゃらになっているところがありました。そのせいか、常にヒステリックで融通が利きません。

妻は人当たりがいいので親戚や周囲の評判も高く、私はいつも「いい結婚をした」とうらやましがられてきました。

しかしじつのところ、彼女は家庭内では正反対です。

几帳面な彼女は、自分が思うように家事が進まないと、すぐにヒステリックになります。子どもたちにも非常に厳しく、ときには軍隊のようにしつけます。

そのうえ、彼女の不機嫌が高じると、1カ月も2カ月も家族と口をきかなくなってしまいます。さらに、外での小さな人間関係のトラブルに対して異常なしつこさで相手を恨み、根にもちます。

ゴタゴタすることが嫌いな私は、いままでできるだけ「触らぬ神にたたりなし」

の構えで彼女と接してきました。

そして気がつけば、私は常に「彼女が機嫌を損ねて家庭が陰湿な雰囲気にならないか」と妻の顔色をうかがい、びくびくした日々を送っていました。

このような生活から抜け出せない毎日に、私はすっかり疲れてしまいました。

2人の息子は大切な存在ですが、私自身の人生も一度しかありません。

妻にはなかなか切り出せないでいますが、「独身に戻りたい」という私の夢は浅はかでしょうか。

内田（仮名）

パンプキンからのアドバイス

結婚生活では「触らぬ神にたたりなし」ではなく、「触らぬ神ほどたたる」もの。子どもがいる以上、離婚の前にまずは話し合いの努力が必要。

ヒステリーが家族にいる悲劇——ホームベースがない野球の試合のようなもの

あなたの苦しみは十分理解できます。さぞかし毎日が苦しいことでしょう。しかしながら、あなたの場合は、**肝心なところで夫人とひとつもコミュニケーションをとっていません**。ですから、いきなり離婚を切り出すのは、子どもの父親としても時期尚早です。

程度にもよりますが、夫人のような**二重人格の女性**は結構います。「外面が悪く社交下手よりマシだろう」という人もいるかもしれませんが、私はこのような状態で家族として15年もよく耐えてきたなと感じています。

私の知人の中にも、ヒステリックなうえ、一度もめると何カ月も夫や親きょうだいと口をきかないという人がいますが、**家族間で「無視状態」が常態化すると、言葉では言い尽くせぬほど皆が不幸になっていってしまいます**。

また、**こういう人ほど他人をしつこく恨み、根にもつ**のも共通しています。

ですから、私は夫人の味方をする材料は何ひとつもち合わせていません。

これはあなたひとりが耐えればよくなる問題ではなく、**野球でいえばホームベースを奪われて、脅迫されながらゲームしている**ようなものなのです。つまり、ゴールはありません。あなたが深刻に悩まれるのは、当然のことでしょう。

ただひとつ問題があるとすれば、あなたが夫人とのコミュニケーションをあきらめていることです。

夫人の性格が、ゴタゴタ嫌いなあなたにそうさせてきたのでしょう。

しかし、子どもまでもうけた人が「独身に戻りたい」と考えるのは、あらゆる努力をしてもなお、その夫婦の溝を埋められなかったときにはじめて出てくる選択肢ではないかと思います。

触らぬ神こそ、たたりあり
――「言ってもムダ」と最初からあきらめてはいけない

あなたは「触らぬ神にたたりなし」と言って、溝を埋める努力をしてきませんでした。しかし夫人はおそらく**「自分の言動がいかに夫に嫌われているか」ということに気づいていないどころか、あなたがそこまで思い詰めているとは夢にも思っていない**でしょう。つまり、あなたが「たたりなし」と思っている間は、夫人は1ミリも変わりません。夫婦関係では、**現状を一生貫くほどの覚悟がなければ「触らぬ神こそ、たたりまくる」ことが予想されます**。

ここで、悩みをひとりで抱え込むのはいけません。**医師や親戚、友人などを総動員した結果、パートナーがよくなったという例もあります**。彼女を高く評価する人も周囲には多いようですので、そのような人に、あなたの苦悩を伝えてもらうのも一案です。

子どもを育てる大人として、溝を埋める努力をする前にパートナーの性格を理由に「ひとりになりたい」というのは無責任です。**ある意味で、すでに自分の人生は自分だ**

けのものではないからです。

長い結婚生活の中で、ときには相手に嫌気がさし、感情が悪化するときがあるのは自然なことです。だからといってすぐに別れを考えるのではなく、まずは毅然とした態度で相手に思いを伝えましょう。

毅然とした態度で思いを伝える
——離婚を切り出す前に、「窮鼠《きゅうそ》ネコをかむ」決意を

あなたを尻に敷いている夫人にあなたの不満を伝えるのは勇気がいることですが、どのような方法であっても、**あなたが勇気を出さなければ何も変わりません**。

ここは**懇願するのではなく、猛然と立ち向かう**のもひとつの方法です。

あなたのようにパートナーの顔色ばかりを見てビクビクして暮らしていた人にガマンの限界がきて「窮鼠ネコをかむ」のごとく反旗を翻した結果、相手が変わったという人も少なくありません。

ただし重度のヒステリーで話がまったく通じず、**子どもにとってもいい影響を与えな**

いと判断した場合は、期間限定の別居を経て最終決断するなど、離別への道程を踏むこともあります。

なお私の知人で「離婚するなというのは、死ねというのと同じ」と我を張って周囲を困らせた人がいますが、いまでは夫婦で旅行を楽しむなど、仲むつまじく過ごしています。

パートナーを「好きだ」「嫌いだ」という時期にも波がありますが、それを乗り越えて深い絆で結ばれている夫婦はたくさんいます。どちらに転ぶかはケース・バイ・ケースですが、いきなり離婚を切り出す前に、毅然とした態度で思いを伝えましょう。

【このケースに学ぶ3つのポイント】

- ☑ 夫婦関係は「触らぬ神にたたりなし」ではなく、「触らぬ神こそ、たたる」もの。
- ☑ パートナーへの思いに波があるのは、当然のことである。
- ☑ 夫婦は葛藤の時期を乗り越えたあと、深い絆で結ばれることが多い。

人間関係
最高の教訓
3

「触らぬ神にたたりなし」という態度では、
真の信頼関係は築けない。
別れる決意をする前に、
意思を伝える勇気をもとう。

すれ違いの結果……

ケース4

仕事を優先した結果、夫の気持ちが離れていた

夫は単なる同居人と化し、5年間夫婦関係なし。子どもが欲しいが、いまからやり直せるか

私の困った!!

私は33歳、結婚して10年目です。

先日、**夫から離婚してほしいと言われました**。私がずっと子どもを望まず、仕事を優先してきたことが発端です。

私はいままで**「お互いがやりたいことをあきらめないことが、結婚生活のいい形だ」**と思っていました。でもいまになって、私たちは**お互い違う方向に歩いてきてしまった**と気づきました。

私はいま、職場でチームのリーダーを務め、責任の大きい仕事をさせてもらえるまでになりました。「産休から復活したときに自分の場所を確固たるものにしておけば安心だ」という思いでがんばってきたからです。

そのため家事はあまり積極的にはやっておらず、とくにここ5年ほどは夫婦関係もなかったので、単なる同居人のようになっていました。

仕事優先で過ごしてきましたが、じつはこの1、2年の間で「子どもがいる生活も幸せなのかもしれない」と思うようになっていました。

そこで夫に「2人の思いやりや話し合いが足りず身も心も離れてしまったが、それができれば、いまからでもやり直せるのではないか」と話しました。

しかし夫の離婚の決意は固く、私が離婚に同意することを望んでいます。

話し合っても「夫婦の絆をつくるにはもう手遅れだ」「一生ひとりでもいい覚悟だ」と言われてしまい、絶望を感じます。

私自身は、まだ整理も踏ん切りもついていません。もうあきらめて離婚すべきでしょうか？

加山みか（仮名）

パンプキンからのアドバイス

犠牲を喜びにできない結婚は破綻する。反省もタイミングがずれれば効果がない。

夫婦関係は犠牲の上に成り立っている

酷な言い方ですが、話し合いもなく「それぞれがやりたいことをあきらめずに結婚生活が継続することが結婚のいい形」とあなたがひとりで思い込んだときから、**あなたの結婚生活のボタンの掛け違いは始まっていました**。

お気持ちはよく理解できます。人はライフステージによって生き方の優先順位が変わりますし、現在の日本は働く女性に優しい環境とはいえません。

スイスの研究機関「世界経済フォーラム」（ＷＥＦ）が世界１４４カ国を対象に行った「男女格差レポート」（２０１７年）によりますと、日本は１１４位で、Ｇ７の中でも最下位でした。

つまり産休後、職場に復帰したときの自分の場所を確固たるものにしておくために、家庭を犠牲にして仕事優先でがんばってきたあなたを簡単には非難できないことを、この数字は物語っています。

日本に住む多くの既婚女性は、仕事と育児の両立に苦労していますし、仕事を優先して子どもをもたない選択をする夫婦も珍しくありません。

また「育児は女性が主体」という古い考え方が根深く残っているのも、その一因です。

ただし、**幸せな家庭に共通しているのは、その形を夫婦で決めているか、両者の歩み寄りや支え合い、ときには一方が犠牲を払うことを納得して引き受けている**ことです。

そばにいる人と心が通じないつらさ

あなたにとっては、「突然の離婚の申し出」かもしれませんが、彼からすれば少なくとも5年以上は悩みつづけた結果でした。その間はいろいろな面で、本当の夫婦ではなかったのです。

そばにいる人と心が通じないのは、ひとりでいる孤独よりもっとつらいものです。

いまあなたが経験している絶望感を、仕事に燃えるあなたを横目に、彼はこの5年間ずっと味わってきたことでしょう。「壁を一緒に乗り越える夫婦の力」も、最初はあったとしても、この間に彼の中では消滅してしまったのではないでしょうか。

突然、刃物を突き付けるように切り出した彼は、もしかすると卑怯かもしれません。しかし、彼がこのような決断をするまで何も感じず、**彼を思いやったり寄り添ったりする行動に出なかったあなたの責任も重大**です。

しかもその長い間、あなたは「夫」がいなくても平気だったのです。「夫婦の情がなかった」と言い換えることもできます。**この情や思いやりは、「仕事のメドがついたから」と都合よく生まれる類のものではありません**。

愛とは、パートナーを思いやること――巷に氾濫する安っぽい「愛」

巷では「愛する」という言葉が安っぽく氾濫しているので、ここでは**「思いやる」**という言葉に置き換えたいと思います。

結婚でいちばん大切なことは、相手を思いやる心だと思います。お互いに居心地のいい家庭であるためには、**相手が何を望み、何を不満に思うかを知ることが、結婚生活の基本**です。

「恋愛と結婚は別」なのです。

恋愛は相手に対する思いやりがなくても、当事者がそれでよければ、第三者が口を挟む余地はありません。

しかし結婚となると長丁場ですし、さまざまな社会的な責任も伴いますので、思いやりは欠かせません。

そして**その思いやり（愛情）は、相手と「以心伝心」の関係であるか、もしくは言葉や行為できちんと伝えていなければならない**のです。

彼は時間をかけて悩み、結論を出しました。あなたは応分の責任は免れないでしょう。あなたが心から反省し、それを真摯に伝えて詫びてもダメなら、彼の心は完全に離れており、あきらめるしかないと思います。

人間関係
最高の教訓 4

本当の愛情とは、相手を思いやること。
伴侶への犠牲を喜びに変えられなければ、
相手の心が離れたあとで後悔しても、
心は戻ってこない。

【このケースに学ぶ3つのポイント】

☑ そばにいる人と心が通じないのは、孤独よりもっとつらい。
☑ 夫婦の情愛は、事情や都合に合わせて芽生えるものではない。
☑ 双方への犠牲を喜びに変えられない結婚は、破綻する。

ケース
5

甘やかしてきた25歳年下の妻が家出

家事育児をほとんどしなかった若妻から、突然の離婚宣言。義理の両親からも離婚を促され……

私の困った!!

私は50歳の男性です。**25歳年下の妻・明子**（仮名）と、**ライフステージや価値観が合わず、いきなり離婚を突きつけられています。**

5年前、当時20歳の新入社員だった明子から、熱心に交際を申し込まれ、その後、結婚しました。

じつは、私はそれまでほとんど女性と交際した経験がありませんでした。ところが交際半年ほどで、彼女が「どうしても結婚したい」と言い出し、私が**彼女に引っ張られる形で結婚に至った**のです。

彼女の両親は私とほぼ同年齢で、**当初は当然のことながら年齢差を理由に大反対**

されました。私の両親や兄弟も全員が猛反対しましたので、最初は私もあまり乗り気ではありませんでした。

妻は結婚後も仕事を続けていたので、夕食は宅配サービスなどを利用し、子どもが産まれてからは家事や息子の育児はほぼ私が担いました。

妻の意見を尊重する形で、私の実家との付き合いはほとんどなかったのですが、妻の田舎の両親はよく上京してきては息子をかわいがってくれていたので、私との関係はうまくいっていました。

ところが息子が4歳になった今年の春、妻から離婚を切り出されたのです。

理由は「私が真面目すぎて面白くない」ということと、「自分はまだ若く、やりたいことが

たくさんあるから」と言うのです。

妻はいま、会社を休んで息子を連れて実家へ帰っています。

義父母は「孫は自分たちが責任をもって育てるから、娘と離婚してやってくれ」と言ってきます。

息子は誰よりも私になついていて、そんな息子と離れて暮らすのは、**私にとっては身を切られる思い**です。

妻を説得するいい方法はないでしょうか。それが無理なら、私はどのように気持ちを切り替えればいいでしょうか。

鎌田（仮名）

パンプキンからのアドバイス

結婚を決めたら、初期の期待値の設定が重要。極度にワガママな妻との結婚生活はあきらめ、子どもとの良好な関係を築くことに専念しよう。

結婚生活は最初が肝心

残念ながら、このケースは**修復不可能である可能性が高い**です。明子さんは猪突猛進型で熱しやすく冷めやすいタイプなのでしょう。さらに、親に甘やかされてきたので、よくいえば主体的、悪くいえばすさまじくワガママです。

25歳の年の差婚で、彼女が20歳のときに結婚したのですから、彼女の現在の不満は想定の範囲内です。このことも結婚前によく話し合ったはずですが、子連れで実家へさっさと帰ってしまったいまとなっては、意思疎通はほぼ不可能です。**話し合いで説得や翻意が期待できる相手ではなさそう**です。

「結婚生活は最初が肝心」とよく言われます。

この意味は**「最初にいい習慣や家風をもってスタートした新家庭はその後もうまくいく要素が大きいが、逆もまた然《しか》り」**ということだと思います。

いまさら申し上げても仕方がないことですが、その意味で、あなたは結婚当初から妻を気遣うあまり、甘やかしすぎてしまったのです。

交際中や結婚当初、彼女があなたに夢中になっているときに、彼女にきちんと地に足が着いた生活者として変身してもらうべきでした。

たとえば新婚家庭で、毎日が宅配される夕食というのは、いかがなものでしょう。下手でも夫婦のどちらかが、あるいは2人でつくったお料理を、こうしたらもっとおいしくなるのではないかなどと話しながら食べ、工夫を重ね、鎌田家ならではの味をつくっていくべきでした。

その**「地味でありながらも大切な日常の営み」**から、2人の新生活を始めること――的外れな話をしているようですが、じつはこれが重要なのです。

きちんとした習慣をもって、地に足が着いた生活をしている人は、不誠実な考えで人間関係を壊さないものです。

突然離婚を切り出す妻のパターン――日常の家事分担が皆無

夫にさしたる原因もないのに離婚を切り出す妻たちには、ときにある共通のパターンを見出すことができます。彼女たちは、**毎日の地味な家事責任から解放されている**ことが多いのです（これは決して家事が女性の責任と言っているのではなく、男女が家事の責任を分担することで得られる、大きな効果について述べています）。明子さんも、この類に当たります。

現実的な話になりますが、よほどの大恋愛の末の結婚でも、「好きだ好きだ」と言っているだけでは生活はうまくいきません。どちらからでもいいので「今日はどんな料理をつくって家族で楽しもうか」とか「今日は一緒に何か食べに行こうか」と、**毎日の家族の食事を考えることは、精神衛生上も家族の絆を育むうえでもとても重要**なのです。

そのほかの家事育児についてもいえることですが、その**習慣の積み重ねや役割分担を果たしていく中で、恋愛時代とは形を変えた情愛や責任感、お互いを思いやる心が育まれていく**のです。**最初から母親として生まれる人はおらず、子どもを育てる中で、母性が育っていく**のと同じです。

私の友人は、大雨の日に荷物をもって家出しようとしたのですが、押し入れの雨漏りを思い出して、急いで家に戻って布団が濡れないようにしているうちに、そのまま家出を断念してしまったそうです。日常生活の何がブレーキになるか、わからないものです。

明子さんは、あなたの実家とも交流がなく、まるで床の間に飾られているお人形のお姫様のようです。これはブレーキがないどころか、「姫、ワガママにアクセルをおかけあそばせ」と言っているようなものです。**誰もが結婚を機にもつ責任や義務さえ、彼女は身につける機会がありませんでした。**

いわゆる、**妻に完全に尻に敷かれていたあなたに、彼女を翻意させることは不可能に近い**と考えられます。復縁はあきらめるほうがいいかもしれません。

離れて暮らしても、父子の縁は続く

簡単には気持ちの切り替えができない、あなたの悲しみや悔しさを理解することはできます。

しかし、あなたと息子さんは、仮に地球の反対側で離れて暮らしたとしても親子です。いままでの経緯から、あなたが息子さんを引き取ったほうがいいのではないかと思いますが、仮に**離れて暮らしても、この先、父親の出番がなくなるわけではありません。父親としての役割と責任は、これからもきちんと継続します。**

あなたは、いつでも胸を張って会える父親でいてください。不誠実な妻とその家族に、子どもを完全に委ねる必要はまったくありません。

そしてもちろん、**あなたの人生もこれで終わったわけではありません**。決してヤケにならず、これからも誠実な人生を歩んでください。

【このケースに学ぶ3つのポイント】

- ☑ 尻に敷かれていた夫が妻を翻意させることは難しい。
- ☑ 家庭の絆を育むうえでは、地味な家事の分担が重要。
- ☑ 離婚して離れて暮らしても、父子の縁は続く。

人間関係 最高の教訓 5

相手が極度にワガママな性格の場合、最初から期待値の確認をし、作業を分担することが大切。

第2章

金の切れ目が縁の切れ目!?「お金」の悩み

「金の切れ目が縁の切れ目」とならないために

——対等な夫婦関係の維持に、必要なものとは？

60年ほど前の話になりますが、私の幼少時は女性、とくに既婚女性が働くのは「男の沽券《こけん》にかかわる」ことでした。それは「夫の稼ぎが少ない」ことを意味したからです。

ところが私が小学5年生のとき、担任の女性の先生が「結婚しても夫が病気になって働けなくなるかもしれないし、事業に失敗するかもしれない。**女性も絶対、手に職をもつべきですよ**」と話してくださいました。

この言葉は幼いながらも私にとってたいへん印象深く、その後何十回と思い出すことになりました。

私に寄せられたお金に関する相談でいちばん多かったのは、**すでに夫婦関係は破綻**

していのに、経済的な理由で離婚に踏み切れない妻の悩みです。

妻が経済的な自立をしていないために、離婚すればもっと苦境に陥ると思い込んでいるのです。60年前の教師からの教訓が、一向に古びていないことは本当に驚きです。

そしてその言葉は、事故や不運でどちらかに収入がなくなっても、もう一方に収入があったことで、大事に至らなかった夫婦や、逆に両方に収入があれば壊れることがなかった夫婦関係を目の当たりにしたときなどにも、思い出しました。

本章では、浪費家の金銭感覚のなさ、結婚相手との金銭感覚の違い、お金にルーズで生活費を出さない伴侶に対する悩み、そしてギャンブルへの悩みを取り扱っています。そのほかに目立ったケースは、経済的に自立できても、相手に貸したお金を取り返すまでは別れないというものです。これがさらに地獄にはまるパターンなのです。

この章ではまた、経済的にも精神的にも「損切り」することの重要さを説き、その勇気と決断を促しています。

夫婦が対等であるためには多くの場合、お互いの経済的自立か家族への強い責任感、そして健全な金銭感覚が大切なのです。

浪費癖

ケース
1

浪費家の妻の金銭感覚を正常に戻すには？

物欲に歯止めがきかず、自分のものはすべて一流品。なのに交際費には極度にケチな妻

私の困った!!

結婚してから妻の金遣いが荒くなって、悩んでいます。

妻は、私がいつもお世話になっていた銀行の行員でした。私は、妻のとても積極的な働きかけで、強引に言い寄られて押しかけ女房同然に結婚しました。その強引さに、私の羽振りがいいのに目をつけたのではないか、と言う人もいたほどです。

当時の私は若くして自営業がそこそこ順調でしたので、結婚したときはかなりお金に余裕がありました。
私はたいへん質素堅実な家庭で育ったのでケチではないのですが、ムダ遣いや分不相応なぜいたくが大嫌いです。妻もかなり貧しい家庭で育ったということで、金銭感覚の相違で心配したことはありませんでした。

ところが妻は年々金遣いが派手になり、2人の子どもが小学校に入ったころからは、それに拍車がかかりました。家具・服装・自家用車など、なんでも一級品でなくては気がすまず、その物欲は天井がないかのようです。

料理にはあまり関心がなく、デパートのお惣菜や季節外れの高価なフルーツなどをよく買い、口に合わないと言っては、少しだけ食

べて平気で残りを捨てます。

私には妻が、家具や食器、食物も含めてすべて見栄や私への当てつけで買っているように思えるのです。とても趣味がいいとも思えません。

加えて交際費などは極度にケチで、親戚・知人関係の冠婚葬祭費の額をめぐっては、いつもけんかです。私の親も、見るだけで腹が立つからと、できるだけわが家に寄りつかないようにしているほどです。

愛想が尽きることばかりですが、いまさら波風を立てるのも大人げないと感じています。

妻の金銭感覚を正常に戻す方法はあるでしょうか。

立原（仮名）

パンプキンからのアドバイス

妻の浪費を助長した夫にも責任がある。事態の深刻さを真剣に伝え、即刻生活費をカットすべき。

妻が浪費に走る原因は夫にもある

結婚前に彼女の悪癖を見破れなかったとはいえ、そこまで金銭を補給しつづけたのですから、厳しいようですが、**いまの彼女の浪費癖はあなたの責任も大いにあります。**

夫人が季節外れの高額な果物を買い求め、食べ残しては捨てたりするのは、間違いなく悪質な浪費癖といえます。

これらを止めるには「お金がなくなること」が、いちばん即効性がありますが、あなたの場合、お金は続くが**「妻の価値観や人間性に嫌気がさしてきた」**ということなのでしょう。

今回のケースは断固とした処置をとらないと、「浪費癖」と「人間関係への配慮のなさ」という悪癖が重なり、**夫婦関係だけでなく、さまざまな人間関係が破綻していきます。**

裕福な家庭で育った人が、お金を使うべきときにさえ使わない根っからのケチだとか、貧しい環境で育った人がいったんお金をもつと、「ダダ漏れのザル」のように金遣いが荒くなるというのは珍しくありません。

育った環境と金銭感覚は、必ずしも一致しないのです。

浪費家でケチな親は、育児に大きな悪影響

話は少しそれますが、浪費家なのに交際費をケチる人たちのさらなる共通項で、特筆すべきことがあります。

それは、**良好な人間関係を築くことより、自分の財布からお金が出ていかないことが重要な価値観なので、家族に対しても極端にケチ**ということです。

子どもが、心豊かに素直に育つ環境が損なわれ、**子どもが親の横着さや非常識をまねる傾向も少なくない**のです。

その「家族にも極端にケチな人」が調える食卓で、健全な家庭が営まれる確率は低いでしょう（もちろん、貧しい中で親が一生懸命に働いて家を空けている、子どもの食事に気がまわらない、というケースはまったく別です）。

家庭や親子関係が崩壊するのは、珍しいことではありません。

大げさだと受け止められるかもしれませんが、私の見てきた事例では、このように育

った子どもが、ほかの大人への尊敬心や礼儀を身につけるのは難しいのです。

「尊敬する隣人がいたおかげで、幸せに暮らせた」という人がいますが、**親を愛せず、目上の人や他者へのマナー違反や無礼を平気で働く若者に、人を尊敬する心は育ちません。**

生活費を減額し、交際費を正しく使う

金銭感覚を正常にする特効薬のような方法があればいいのですが、ここはまず、**あなたが夫人に渡す生活費を大幅に減額することが急務**です。

共通の友人や親戚への交際費もすべてあなたが管理することにし、それも減額対象とします。

あなたが正しい交際費を教えることで、**交際費は心のやり取りであることを彼女に学んでもらう**のです。それを夫婦で共有することが大切です。

交際費は多いほどよいというのではなく、身の丈に合っていて心がこもっているべきなのです。

自分には糸目をつけずお金を使うが、家族や他者へは極度にケチで「財布からお金が

出ていく」という視点でしか交際費を考えられない妻、そしてその妻を放っておく夫……周囲からは間違いなく、「バカ夫婦」と思われているでしょう。

「人が稼いだお金で浪費癖」は、反省しない人の典型的パターン

あなたは夫人に**「このままいけば夫婦関係にヒビが入る問題だ」とはっきり伝えるべき**です。

単なる浪費家ではなく、**自分で稼いだわけでもないお金を浪費する人の金銭感覚を直すのは、正直なところ至難の業**です。これは相手が極めて自分勝手で、想像力や他者への配慮が欠けており、かつ反省せず相手ばかり責めるタイプの人が多いからです。

それでも何も言わずにガマンするのではなく、夫人に渡す生活費等の引き下げや、**「自分で稼ぐことがどれだけたいへんか」を彼女に実感させなければなりません**。

それができないならば、夫人の浪費癖は、今後もずっと直ることはありません。

「いまさら波風を立てなくても……」などと言っていると、破産と家庭崩壊という避けることのできない嵐に突入することになります。

まずは、きっちりと理由を伝えて即刻生活費をカットしましょう。
そして、これ以上の家族関係・人間関係の破綻を防ぎましょう。

【このケースに学ぶ3つのポイント】

☑ 歯止めのきかない妻の浪費癖は夫の責任も大きい。
☑ 育った環境と金銭感覚は、必ずしも一致しない。
☑ 浪費家には断固、自分で稼ぐことのたいへんさを教えるべし。

人間関係
最高の教訓
6

浪費家が交際費を惜しむのは、
金銭感覚の最悪のコンビネーション。
交際費は「心のやり取り」だと心得よう。

ケース2

嫁ぎ先が金持ちすぎて、玉の輿に乗り切れない

夫の両親所有の億ションに住みながら、金銭感覚の違いに困惑。子どもへの悪影響は？

私の困った!!

私は30代半ばで、同年代の夫と0歳の娘がいます。「何をぜいたくな！」と思われるかもしれませんが、私は俗にいう「玉の輿」に乗ってしまい、**夫の実家との金銭感覚の違い**に悩んでいます。マンション住まいで徒歩5分の距離に夫の両親が住んでいます。

夫とはある資格の取得校で出会い、結婚しました。しかし、結婚するまでは、まさかこんなに実家がお金持ちだとは想像もしていませんでした。

たとえば、いまわれわれ夫婦が住んでいるマンションは、もともと義理の両親が別荘のつもりで購入したけれど使わなかったという**億ションで、それを家賃なしで貸してもらっている**のです。

家具もすでにそろっていて、センスのよすぎるヨーロッパの高級家具ばかりで、結婚するときにもってきたものや子ども用のものとは、まったくテイストが合いません。

私自身は田舎の出身で、東京に出てきて仕事を始めてから倒産や給与カットなど不遇を重ね、社会人用のスクールの学費を工面しながら、なんとか通って資格を取得したりしました。そんな経歴のため、私は財布のひもがとても固いのです。

いくら金銭的に余裕があるとはいえ、10万円以上もする高級服をポンと買って普段着にしてしまう義母や、高級車を何台も買ってしまう義父の姿にはなかなかなじめません。

毎日優雅なランチをしている姿などを見ていると「あんたら仕事しろよ！」と、少しうんざりするのです。孫のこともかわいがってくれる、とてもいい人たちなのですが……。

東京の一等地で何の不自由もなく子育てができるのはたいへんありがたいことですが、一方で娘にハングリー精神や努力する癖が身につかないのではないか、と心配しております。

こんな環境でどう子育てをしていけばいいか、アドバイスをお願いします。

まゆ（仮名）

パンプキンからのアドバイス

「ぜいたくは敵」ではない。優雅な暮らしと勤勉さは両立する。

大金持ちなのに堅実な家庭

相談文を一読させていただき、まず「おめでとうございます！」と思いました。

あなたの夫はそんな大金持ちの御曹司なのに、それを交際中のあなたにひけらかすことがありませんでした。**彼はその裕福な環境が、当たり前に育った人**なのです。

しかも彼は、あなたの心配する「努力することを知らない」ボンボンに育ち、資産管理業などと言って、親のスネをかじって暮らすこともできたのに、資格取得のためスクールへ通っていたのです。

あなたが「努力する癖が身につかない」のではないかと心配する環境のもとで、**彼は堅実で極めて常識的な大人に育った**ということになります。

義理のご両親は都内の一等地に、「別荘のつもりで買ったけれど、使わなかった億ション」を、しかもセンスのいいヨーロッパの高級家具付きで、所有していたとのことですが、都心で自宅から徒歩5分のところに「別荘」を買ったりするでしょうか。

息子のために用意してくれていたものを、「使っていないから」と恩着せがましくならないようにしてくれているのではないでしょうか。

甲斐性あるぜいたくは、敵ではない

10万円の洋服を普段着にされる義母を「ぜいたくすぎる」と感じているようですが、義父が何台も高級車を所有しているくらいですから、それは浪費ではなく、2人にとっては、保有資産の使い先として、当然に享受できる範囲内の消費なのではないでしょうか。

実際、お金は貯めておくより使うことで、社会の経済貢献にもなっています。

私には50万円とか100万円の洋服を平気でポンポン買うお金持ちの友人がいますが、彼女たちはそれを外出着にも普段着にも着ます。

「誰々と会うから」とか「TPOに合わせて」50万円の服を着るのではなく、「今日はどこにも出かけないけれど、この服を着る気分」という基準でその日の服を選びます。数十万円のワンピースもさり気なく日常に取り入れています。

彼女たちは**誰かに見られることを意識して服を着るのではなく、自分が楽しんだり、自らを励ましたり、気分転換のために着る**のです。

しかも彼女たちの何人かは、社会奉仕や慈善事業などに非常に熱心です。財布と心に余裕があるからでしょうか、大半は身内や友人・知人で困っている人たちにも温情を示し、「自分さえよければいい」という人たちではありません。

他人に迷惑をかけず、自分の甲斐性で高級服を普段着に着ているのですから、方々から感謝されこそすれ、誰からも非難される筋合いはないのです。

「優雅なランチ」に少々うんざりしておられるということですが、それも2人の甲斐性なのです。いいことではありませんか。

むしろ、**せっかく玉の輿に乗ったのですから、これを機に金銭感覚を許される適切な**

範囲で修正してみましょう。

10万円の普段着など、もっている人にすれば大したものではありません。服にとっても、外出用としてタンスの肥やしになって、数回しか着てもらえないまま流行遅れで捨てられるより、ずっと幸せです。

お金があっても時間や健康、その他の理由で、優雅にランチがしたくてもできない人がいっぱいいます。優雅なランチ、素晴らしいではありませんか！

あなたや私のような人ばかりだったら、イヴ・サンローランもミシュランガイド推薦の高級レストランもベンツも、この世から消えてしまうでしょう。

義父母はあなたの「仕事しろよ」という視線も感じているはずですが、「貧乏くさい」とうっとうしがることもありません。あなたが言うとおり、お孫さんもかわいがってくださり、本当にいい人たちです。

彼らを、**自分の財布の範囲内で生活を豊かに楽しむためのお手本**にしてはいかがでしょうか。

優雅な暮らしと勤勉・努力は両立する

10億円を相続したのに、いまも同じ会社のサラリーマンとして真面目にがんばっている人、同じく大金を相続した人で、研究生活に没頭している人もいます。財閥系の出身者で研究者や篤志家《とくしか》（社会奉仕・慈善事業などを熱心に実行・支援する人）になった人は数知れません。

「娘にハングリー精神や努力する癖が身につかないのではないか」と心配されているようですが、**富める親が優雅に過ごすことと、子どもが目的に向かって努力する習慣を身につけることは、矛盾することではありません**。むしろ親子にとって好条件で、すべて親の姿勢と教育次第です。

せっかくの**「玉の輿」を満喫するのも、あなたの甲斐性**です。決して**豊かに使うことを知らずに終わったり、むやみに争ったり相続争いのタネにすることがないように心がけてください**。

【このケースに学ぶ3つのポイント】

☑ 余裕があるなら、ぜいたくは敵ではない。

☑ 優雅な暮らしと勤勉さは両立する。

☑ 自分の身の丈に合ったお金の使い方で、生活を豊かに楽しもう。

人間関係
最高の教訓 7

金銭感覚の違いは、問題ではない。甲斐性の範囲内で享受するぜいたくと勤勉さは、両立する。

生活費を出さない夫

ケース3

お金にルーズな夫の子を妊娠、中絶すべきか？

生活費を支払わず、私のカードを勝手に使う夫。子どもを産んだら後戻りができない？

私の困った!!

私は結婚して1年、妊娠3カ月になります。最近、**お金にルーズな夫が嫌になってきました**。

この**1年で夫が家に入れたお金は家賃と電気代のみ**です。そのほかの生活費や夫の仕事に使う諸々の費用は私が払ってきており、夫は「ちゃんと返すから」「なんとかするから」などと言っていますが、一度も返ってきたことはありません。

毎月支払いのたびに貯金を崩して困っているのに、彼は私のカードを平気で使い、その神経を疑っています。彼に貸したお金だけでも100万円を超えました。

義母はとてもいい人でこの状況に絶句していましたが、「支払いができない」と言われ、自分の息子にお金を渡していたのです。義母と2人で「もう絶対お金は出さない、彼の後始末はしない」と約束しましたが、また今月20万円の請求がきています。

私はいま仕事をしておりますが、もし子どもを産んだら、もう人生の後戻りができないのではないかと不安でなりません。

私が産休に入ると給料が無給になるので、それが逆に夫が働くいい機会になるかもしれ

ないとも思いますが、いまは大きく構えられません。

自分の年齢のことを考えると、いま子どもをあきらめると、自分が子どもをもつチャンスを逃すことになります。でも、夫のせいで**生活の見通しがまったく立たない**のです。

産まない決断をした場合、**慰謝料やいままで支払ってきた金額を清算したあとでしか離婚はしない**つもりですが、とても悩んでいます。

友子（仮名）

パンプキンからのアドバイス

「立替金を取り戻すまでは離婚しない」のは、泥沼パターン。ダメ夫の再起を待たず、損切りを。

結婚早々の金銭のルーズさは、人間性のルーズさに直結する

相談文から、夫君《ふくん》のことが嫌で嫌でたまらない気持ちが伝わってきます。

これで父親になついている子どもがいるとか、夫婦げんかしながらも、それなりに刻んできた2人の歴史があるとかいうなら話は別ですが、**いちばん強い信頼関係で結ばれているべき結婚1年目で妻の妊娠期にこのヒモ状態では、彼は再起不能の可能性が高い**です。

長い結婚生活では、嫌になるときも別れたくなるときも、大なり小なりあるものだと多くの人は言います。それでも普通は結婚当初に「2人でいい家庭を築こう」と心を通わせ、**幸福だったときの信頼関係が支えになり、困難を乗り越える力となることが多い**のです。

しかし、あなたたち夫婦には、そのような時期が一度もありませんでした。

家賃と電気代は彼が払っていると言いますが、それ以上の費用をあなたが立て替えているのですから、**あなたが彼を養っているのとほぼ同じ**です。

常識ある人は、結婚早々に妻のお金をそこまで無心しません。やむを得ず借りることがあったとしても、あなたの夫のように結婚以来ずっと継続するなどありえません。しかも、あなたのカードを勝手に使うなど論外です。

あなたはその行為を無神経だと言いますが、**彼は無神経を装っているだけで、じつは確信犯的な行為**なのです。

立替金は取り戻せないと覚悟しよう

彼は結婚以来、家賃と電気代だけで人並みの生活をすることができました。同時に、あなたが彼を下手に信じて金銭的に支えたことが、彼のヒモ状態を助長したともいえます。

あなたは離婚するにしても、これまでの立替金や慰謝料をもらうまでは離婚するつもりはないそうですが、この考え方が**いちばん泥沼にはまるパターン**です。「ギャンブルの借金はギャンブルで返す」といってギャンブルにのめり込む人、借金を返すために、ほかで借金を繰り返す人たちに似ています。

不幸の連鎖から抜け出すには、どこで関係を断ち切るかの判断が大切なのです。お金を取り戻すために結婚生活を続けて、あなたが望む金額を取り戻せるとは思えません。

お金にルーズであることは、責任感の乏しさに直結しています。お金への責任感は、人間関係に不可欠な誠実性や信頼感の有無のバロメーターになることが多いのです。**無責任な人からお金を取り戻すのは、ほぼ不可能**なことです。

「ドラえもんのポケット」になってはいけない

あなたが産休に入って無給になれば、彼は奮起するかもしれないと期待をつないでいますが、彼の借金額を見れば、彼はいますぐにでも、稼がなければならないはずの立場です。そう考えると、あなたが産休に入っても稼ぐようになるとは思えません。

まだ離婚にためらいがあるのでしたら、彼の仕事は継続するに値するものなのか、これまでの支出はやむを得なかったものなのか、ダメなら職を変えてでも家族の生活に責任をもつ覚悟があるのかを詳細に知り、話し合う必要があります。

彼が家族の生活に責任を負わないのみならず、借金を積み重ねるなら、あなたが結婚生活を解消すると伝え、よく話し合うべきです。

成人しても母に泣きつき、甘やかされてきた人間です。彼はこれからもずっと、あなたにお金の無心をしつづける可能性が高いでしょう。

彼はあなたの貯金残額など気にしていません。「ドラえもんのポケット」のようにしか思っていないのです。

自分を責めてはいけないが、決断の遅れは自業自得

浮気やギャンブルなどで夫が身を持ち崩した場合、そばで「見ていただけ」の妻も同罪だと断罪する人がいますが、決してそのようなことはありません。

妻が泣いても諭しても聞き入れず、**悪の道まっしぐらだったダメ夫を、それ以上どうしろというのでしょう**。

その責任まで妻が負うべきだなどと考えていたら、問題の本質を見誤ります。

ただし、**別れる決断をずるずる引き延ばせば、その後の不幸は自業自得**です。

子どもに関しては言うまでもなく大切な命の問題で、部外者が軽々しく口出しできる問題ではありません。

しかしながら、離婚するから子どもは産まないという選択以外に、結婚せずとも子どもをもうけ、立派に育てる人が多いのも事実です。

「離婚するが、産む」選択肢もあることを、真剣に検討してみてはいかがでしょうか。

最悪のケースは彼の金銭感覚が何も変わらず、子どもが産まれたあとも、ずるずると彼に貢ぎつづけるパターンです。この深すぎる泥沼にはまらないよう、毅然とした決断をしましょう。

【このケースに学ぶ3つのポイント】

☑ お金に関して無神経さを装った確信犯は、数多く存在する。

☑ 「立替金を取り戻すまで離婚しない」は泥沼にはまる典型的パターン。

☑ ダメ夫を信じて貢ぐより、「離婚しても産む」という選択肢を加えるべき。

人間関係
最高の教訓
8

お金へのルーズさは、人生全般の無責任さに通じる。別れの決断の遅れによる被害の拡大は「自業自得」。

ケース4

生活費を払わず、離婚をちらつかせ私の愛情を試す夫

妊娠をきっかけに子連れ再婚。子どもが生まれてすぐ「離婚したい」と言われたが……

私の困った!!

私は昨年まで、バツイチで小学1年生の娘をもつシングルマザーでした。

看護師の資格をとって働いていたところ、看護学校のころから付き合っていた彼との間に子どもを授かり「おめでた再婚」になりました。でも、ささいなことからいつもけんかになり、夫から何度も離婚したいと言われつづけてきました。

夫は看護師国家試験に落ち、いまは違う職でアルバイト中です。そのため私のほうが稼いでおり、夫からは1円も生活費をもらわず、自分の稼いだお金だけで生活していました。

しばらくの間は財布も家も別々で生活していましたが、2人目の子どもが生まれ

て娘が2年生になるころ、**家族4人で住めるようにとアパートを見つけ、家具や家電をそろえて準備していました**。ところが**3月後半の長女の終業式を目前に、夫が「離婚したい。もう無理だ」とメールしてきました**。

私は娘の転校手続きをキャンセルし、家族4人で住むために準備をしていたアパートを解約しました。そして、私の実家の近くにある、いまのアパートを新たに契約して、**子どもと3人で生活していくことに決めました**。しかし、**次の日になると夫から謝罪のメールが送られてきた**のです。

私は彼に、一緒に住むはずだったアパートはすでに解約したことを告げ、新しく契約したアパートへ来るように言ったのですが、「それは無理だ」と言うのです。

「自分勝手に出て行ったのだから生活費は渡さないし、離婚するなら養育費も渡さない」と言われることもあれば「やっぱり週末だけ帰る」と言われたりと、**夫の意見に振り回されっぱなし**です。このような状況に、**小学生の娘も混乱しています**。

いまは育休中で、来年から仕事に復帰する予定ですが、この先どうしたらいいのでしょうか。

里穂（仮名）

パンプキンからのアドバイス

最も必要とされているときに家族を翻弄するヒモ以下の男とは、即刻絶縁せよ！

妻の出産直後に無責任な夫は「再起不能」

金銭的責任感の欠如、出産直後の無責任は、典型的な再起不能パターンの現れです。きっぱりと手を切るほうがいいと思います。

赤ちゃんの誕生も、彼にとっては慶事ではなかったようです。

あなたは自分と子ども2人の「3つの身体」の面倒を見なければならないうえ、産後の養生をしなければならない心身共にいちばんたいへんなときに、引っ越しや転校手続きをすべてひとりでしたのです。しかし彼は、それを申し訳なく思うどころか、今度は元に戻せと言っているのです。

彼は、母子3人を思いやるどころか、**自分自身が成り立っていない人**です。

私は彼と別れる理由として、次の2つをあげたいと思います。

【理由①】子どものために1円も準備しない者を信じてはいけない

長い人生ですから、彼の収入が少ないときもあると思います。

たとえパートナーのあなたに収入があっても、「赤ちゃんのミルク代に」といって、お金を工面するのが父親として当然の行動です。

それなのに、たとえ「子どもを授かってからの結婚」とはいえ、あなたに渡すお金を1円も準備していないという彼の行動に、彼の人間性がすべて現れています。

私は、病床にある老妻に心配をかけまいと、自らの大腸がん手術後に深夜の駐車場の管理のアルバイトをして月10万円を長年妻に渡しつづけた、70歳を過ぎた男性を知っています。

年齢的にほかに雇ってくれるところがなかった人の、命がけで果たした責任でした。

これに対し彼はまだ若く、その気になればアルバイトのかけもちや住み込みでも何でもして、最低の金額でもお金は捻出できるはずです。

いまのような立場でもあなたに何もできていない彼に、将来を期待することができますか?

【理由②】離婚を盾に、愛を試す卑怯な手を使うのはヒモ以下である

2つめの理由は、私がもっと許せない彼の行動によるものです。

2人にとっていちばん幸福だと感じるはずの時期につまらないことで始終けんかを仕掛けてきて、簡単に「離婚」を連発する人の、どこを信じればいいのか私には見当がつきません。

彼は、あなたの長女の終業式前に「離婚したい」とメールしてきました。

ここまでなら、たまたま誠意がない人だとか、考えのない人だとあきらめもつきますが、そのあとすぐに謝ったり、長女の学校に合わせて準備したアパートには行けないと言ったりする彼の行動は、本当に滅茶苦茶です。

「悪人」と言いたいところですが、彼には悪事を働く知恵もありません。

単に行き当たりばったりであなたを翻弄して、慌てるあなたを見て、まだ自分に未練があるのを確かめては安心するという、あまりにも姑息な手を使っています。

「ヒモ」は、お金を貢がせるために女性にはとても優しいのが一般的です。しかし、彼の行動にはその優しさもありません。つまり「ヒモ以下」なのです。

「ヒモ以下」の人間に、愛情を試す資格はない

彼には、あなたの愛情を試す資格はありません。自分からはわずかな愛情も誠意も示していません。はっきり言いますが、**彼はあなたを愛していません。または人を愛する心をもっていない人**です。

そしておそらく、**いちばん助けを必要としている時期のあなたを翻弄しつづけることに、何の罪悪感ももっていません**。

トラブルの渦中にある人は、意外と自分を客観的に見ることができないものです。視野が狭くなり、第三者にはわからない甘言も浴びていることでしょう。

「そんな人に翻弄されているあなたも悪い」などとは言いませんが、いますぐにでも目を覚ますべきです。

最低限の誠意も見せず、逆に低いレベルであなたを翻弄する彼のどこに未練があるの

かはわかりませんが、私がこれまでさまざまな事例を見てきた経験から自信をもって言うと、**彼は責任感において最低の部類に属する人間**です。**誠意がなく、かかわればかかわるほどあなたの信用を落とし、子どもに悪影響を与え、あなたたちに不幸をもたらす人間**です。これは確信をもって言えます。

まず、**住所と電話番号と、メールアドレスなどの連絡先を変えましょう**。

言葉ではなく、その行動を見よう

どうしても彼との縁を絶ちがたいのでしたら、もし彼が改心して、毎月継続して養育費だけでも送ってきたら、考え直してもいい状態としましょう。この場合の継続期間の目安とは、最低1年以上です。

彼の言葉をこれ以上聞いてはいけません。彼の行動でその心を読んでください。それが何よりも2人のお子さんのためです。

あなたが泣いている間は、彼につけ入る隙を与えているのと同じことです。涙ももったいない相手です。**決してくだらない男の人生の道連れにならないでください！**

そして、大切なお子さんのために、しっかりと、強く生きてください。

このケースに学ぶ3つのポイント

☑ 妻の出産時に最低限の誠意を見せられない夫は、再起不能である。

☑ 離婚を盾に試す愛情は、姑息な愚弄にすぎない。

☑ くだらないパートナーの人生の道連れになってはならない。かかわるだけで、自分の信用が落ちてしまう。

人間関係
最高の教訓
9

家族にとって最も肝心なときに責任感がない人には、将来も責任感を期待できない。相手の言葉を鵜呑みにするのではなく、行動からその責任感を判断しよう。

借金でギャンブル

ケース5

「飲む・打つ・買う・殴る」の四拍子そろったマザコン夫

夫への愛情からここまで耐えてきたが、不眠、食欲不振、妄想が続く毎日に、もはや一家心中？

私の困った!!

パンプキン様、助けてください。

結婚11年目で、専業主婦の私は41歳、夫は33歳で小学生の子どもが2人います。

先日、**夫の4度目の借金が発覚**しました。今回は高額で400万円ほどあります。原因は主にスロットや競馬で、そのほかは飲み代などに使ったと言っています。それ以上問い詰めると「お前には関係ない」と逆ギレされます。

同時に浮気も発覚しました。結婚前からいままで、出会い系で浮気をしていたようです。**浮気だけはないと思っていたので、夫のDV・モラハラにも耐えてきました**。でも、借金がある身で買春していたことがわかり、二重のショックです。また、風俗通いも判明しています。

これまで何度も離婚がよぎりました。そのたびに「いままでがんばってきたのだから」と両親に説得されたり、子どもを父親から引き離すことにためらいを感じたりしていましたが、何より**私が夫を愛していたため、そこまでには至りませんでした**。

姑は母子家庭で私の夫を育て、**夫が学生時代につくった借金も、何も言わず後始末をし**

たことがあるそうです。

夫は私に「自分の母親のように何も言わず許してくれるのが愛だ」と言い、私には愛がないと言います。

夫には借金があるため、不貞やDVによる慰謝料や養育費は、もらえそうにありません。不眠、食欲不振、妄想が続き、ときには一家心中も頭をよぎります。

夫を訴え離婚するか、親族で集まって皆に説得してもらうことに希望をつなぐべきか、わからない状態です。

どうしたら前に進めるのでしょうか?

まみ（仮名）

パンプキンからのアドバイス

ギャンブル癖は死ぬまで直らない。マザコン夫から離れ、人生のリセットを。

借金癖のギャンブラーと連れ添う間は、苦労も自業自得

「離婚すべき理由の総合商社」のようなダメ夫です。即刻別れましょう。

「飲む・打つ・買う」の「打つ」を止めさせるには、「焼く」しかないとよく言われます。つまり**「ギャンブル癖は死ぬまで直らない」**ということです。

これは私の知るかぎり、**9割以上の人に当てはまっています**。

ギャンブルで借金を重ねる人（常習者）は総じて、ギャンブルで返済する思考回路しかもたず、ドツボにはまる道しか残されていません。頭の中は、誰をだまして借金しようかということでいっぱいです。

そんな人と別れられない妻は、受ける苦労も自業自得なのです。

ギャンブル、ウソつき、借金はセットです。

借金があるギャンブラーは、ウソをついてしか金を工面できませんので、泣き落としや居直り・逆ギレ・脅しなどの手を使って、借金をするのです。

これが常習犯なら、**本人がまっとうに生きる意思がないサインであると同時に、人間性が壊れているサインとみなすべき**なのです。

このような夫にまだ未練を残す妻は、壊れた人間の同伴者として、報われないみじめな苦労を自ら選択したことになるのです。

話し合いや第三者の説得に希望をつないでおられるようですが、世界一の有識者を連れてきても効果なし、と気づくべきです。

夫婦間には、子どもの存在をはじめとするさまざまな事情があり、それまでに積み上げてきた情愛や絆、しがらみなどが邪魔をして、別れるのは結婚以上に難しいものです。しかし夫婦になった以上、事情のない人など誰もいません。そこを越えるか越えないかは、本人次第です。

あなたはいま、過去に引きずられてつまらない人生の道連れとなるか、せめて母子だけでも（別の苦労はあろうとも）、まっとうに生きる道を歩むかの分岐点に立っています。

「焼くまで直らない」――この種の苦労に耐えるのは、いまの時代、美徳でもなんでもありません。**人生のリセットへの勇気ある行動あるのみ**です。

「いままでがんばってきたのだから」という理由で耐えつづけてはならない

ところで私は、生活を破綻させた何人ものギャンブラーの妻たちが、「打つだけだったらガマンできた」と言うのをよく耳にします。**「自分に愛さえあれば、ギャンブルは一種の病としてガマンできる」**という意味のようです。

私が無粋なのかもしれませんが、これは相当理解に苦しみます。**ギャンブルで妻子を路頭に迷わせたこと自体が、もはや愛のない裏切り行為である**ことに目覚めるべきです。

あなたもそのギャンブラーの妻たちと同様に、「浮気だけはない」と信じて、それなりのガマンをしてきたようですが、失礼ながらあなたの夫は、飲む・打つ・買うにＤＶや逆ギレなども加わり、取り柄は何ですか？　と問いたくなるような人です。

繰り返しますが、ギャンブルに溺れるのは、浮気に勝るとも劣らない、家族への裏切り行為なのです。

このダメ夫に希望をつなぐことは、それだけで「人生の損失だ」と強く言いたいです。

あなたのご両親は「いままでがんばってきたのだから」とあなたを説得しているよう

ですが、これは**最も不幸のスパイラルに巻き込まれる考え方**です。

「自分の母親のような無条件の愛が欲しい」というような、マザコン男などまっぴらごめんだと一蹴しましょう。家族で地獄行きの愛など愛ではなく、そんな**ギャンブル依存症で借金まみれの男に、愛を語る資格などない**のです。

人生のリセットにエネルギーを使おう

あなたはまだ40代になったばかりです。**人生をリセットし、新たな挑戦を始めるのに遅い年齢ではありません**。

子ども2人を抱え、30代でギャンブルや借金をする夫が、いつになったら真面目になると考えていますか？

彼が話し合いで更生するなど、ゆめゆめ考えてはいけません。そんな家庭でもう一方の親が専業主婦など、この先40～50年間、精神的・経済的に可能でしょうか？

あなたの子どもへの愛情も、**経済的な裏付けがあるべき**です。

これまでの11年をムダにしないためにも、そこからあなたがまず職を得て、経済的に自立することの大切さを学び取ってください。

「これまでがんばったのだから」という過去の呪縛から自分を解放することで、考え方も自然に前向きになるものですよ。

【このケースに学ぶ3つのポイント】

☑ ギャンブル癖は、一生直らない。無責任な金銭管理は、家族への深刻な背信行為。

☑ 「これまでガマンしたから」を理由に、相手の横暴に耐えつづけてはならない。

☑ 人間性が壊れた人の更生に賭けるより、人生のリセットにエネルギーを使おう。

人間関係
最高の教訓
10

過去に引きずられて、つまらない人間の道連れになってはならない。

第3章

絶対許せない！「浮気・不倫」の悩み

「不倫で得た幸せ」の危険な末路

――不倫は根本的な不誠実さ・無責任さの象徴

まずお断りしておきますが、私は浮気や不倫をとても卑しい行為だと思っています。心変わりを責めるのではなく、**どうしても配偶者以外の人と一緒になりたければ、婚姻関係を完全に解消してからにすべきだ**と考えるからです。

最も近しい人との信頼関係を裏切るという意味で、よほどの例外的な状況でもないかぎり、**不倫行為はその人の「根本的な無責任さの象徴」**なのです。

「東洋経済オンライン」の「ミセス・パンプキンの人生相談室」には、配偶者の浮気や不倫に関する相談が、引きも切らず寄せられます。

配偶者に「浮気はやめない」と豪語する不倫常習者のように、居直る人が少なくないのも特徴でした。不倫を一種の軽い遊び、もしくはやむを得ない行為であるかのように振る舞い、**安っぽい男女関係に安易に走る人が非常に多い**ことに驚かされました。

本章では、不倫と暴力に悩むケースや、浮気はするが育児や経済的な責任を果たす夫をまだ愛しているケース、不誠実な夫のために大好きな仕事をあきらめたケース、妻が不倫をやめないケース、不倫相手の子を産んだあとで相手に捨てられたケース、そして家庭を壊した不倫相手を憎みつづけるケースを取り扱っています。

近年、不倫スキャンダルで公職や要職を追われる人はあとを絶ちません。「浮気は男の甲斐性」などと容認された男性中心の時代とは異なり、いまでは著名人も権力者も一般人も、不倫は社会的信用を失う行為にもなり得ます。

不倫が不誠実さの象徴という状況の中でも、そのような行為を平気で繰り返す伴侶。そのために自分の人生を犠牲にする生活には、別れを告げるべきです。

夫の浮気・不倫

ケース1

「浮気はやめない」と開き直る、不倫中毒の夫

何人もの女性と関係をもってきた夫の「改心」を信じられるか？

私の困った!!

私は33歳で結婚歴1年です。**夫の不倫は、入籍した翌日から始まりました**。

交際時から**夫の女性問題**には悩みましたが、彼はずっと私がいちばんだと言ってくれていたので、私のほうが熱をあげた形で結婚しました。

いまも、夫は何人もの女性と関係をもっています。

彼は気づいていませんが、私は夫のフェイスブックのメッセージや画像でその事実を知りました。夫は金融マンですが、部下の妻とも関係をもつほどの節操のなさです。

結婚以来1日として平穏な日はなく、つらい毎日です。

以前、私が浮気相手に八つ当たりしたときには、夫に首を絞められ、頭が割れるほど床に打ちつけられ、救急車で運ばれるほどの暴力沙汰になりました。

何度話し合っても「浮気はやめない」と言う夫に絶望し、離婚を決意して別居状態に入りました。

すると先月「今度こそ改心する」と、はじめて謝ってくれたのです。

それから1カ月。相変わらず関係が続いている

女性が何人かいるようですが、休みの日には食事に誘ってくれるなどの改善が見られます。

私はまだ心の整理ができず混乱しているのですが、夫が相変わらず女好きなのを除けば、私たちの関係は良好です。夫への愛情もあり、夫もできるだけ努力すると言ってくれています。

年齢的な焦りもあり、子どもをもつことや再婚を考えると、離婚に二の足を踏んでいます。

私は夫を信じてもいいのでしょうか？

飛鳥（仮名）

パンプキンからのアドバイス

一生自分をだませないなら、縁を切るべし。

自分を一生だましつづける自信があるか

結婚以来、１日も平穏な日がなかったとは、本当につらい結婚生活でしたね。

それでもまだあなたが「愛情があり、やり直したい」のであれば、あなたは彼のフェイスブックなどを盗み見して、**浮気を詮索するのをやめること**です。

本当に彼への思いは愛情でしょうか？　錯覚か思い違いではありませんか？

私には「気持ちの整理はできないが関係は良好」と、無理に納得しようとしているように見受けられます。もしそうなら、**一生自分をだましつづけるか、錯覚しつづける**自信はありますか？

また、彼はそんなつらい思いをしてまでも、ついていきたいくらい魅力的な人で、あなたがそのつらさに耐えるほどの値打ちがある人なのでしょうか？

私は彼のような人を、心の底から軽蔑しています。

彼は常に複数の女性と関係をもっていないと気が済まない、言わば**その道の「重病人」**です。その重い病は、少なくとも当分は治らないと覚悟しなければなりません。あなたは、それに耐えられますか？

不倫・DV人間を、親にしてはいけない

あなたは彼とのお子さんを望んでいるようですが、**子どもは片手間や、生半可な気持ちでは育てられません**。子どもを育てるというのは、とてもたいへんなことです。一方の親がいつも外でいい加減なことをしていて「育つ」ものではありません。ただ、子どもに食事を与えて大きくすることだけが「育てる」ことではないからです。

常に妻以外の女性を漁ることしか頭にない人を、親にしてはいけません。夫婦仲良く、心を合わせて子どもを慈しみ育てても、さまざまな形で問題が発生し、選択と決断を絶えず迫られるのが子育てです。ましてや、ひとりは家族にも社会にも不誠実で、ひとりは心が壊れかけている夫婦が、子どもを健全に育てられるでしょうか。

親たちはいま、子どもの安全を脅かすさまざまな事件や、あとを絶たないいじめ問題など、危険がいっぱいの社会で育児をしています。

親となった人は、いつも緊張感をもって学び、社会問題に関心をもちながら、子どもを守らなければならないのです。**不倫と暴力を繰り返す人間に、親の資格はない**のです。

不倫に伴う、さまざまな人格的欠陥

不倫は、愛情や信頼で結ばれるはずの夫婦には、ありえない行為です。**ウソをついて人をだましている行為は、パートナーだけでなく自身の人生をも欺いている、情けない人間のすること**です。

このご時世ですから、「不倫」という言葉にさほど不潔な響きを感じなくなった人もいるかもしれません。

政治家から芸能人に至るまで、不倫を勲章のように考えているような人もいます。さらに、不倫に関するメディアの軽々しい扱いも気になります。

私の周囲にも、不適切な女性関係に罪悪感をもたない既婚者が何人かいますが、たいていはウソつきで、本人も不倫相手もつまらない人たちです。単に異性にだらしないという性癖の問題でなく、人間としても信用できず、人生をなめているとしか思えません。

あなたの夫の場合は、**決して「金輪際、不倫をやめる」と約束しているのではありません。「努力する」と、その場しのぎに言っているだけにすぎない**のです。

ところで、あなたの夫はこの不倫癖さえ直せば、そのほかの面では人生のパートナーとして、共に歩むことができる人なのでしょうか。

私には、彼の問題は不倫だけにとどまらず、**人格全体を形成する信頼感のなさが、根本的な問題**に見えてしまいます。

33歳は人生始まったばかり！ 年齢で離婚を迷うのは間違い

あなたは子どもを授かることを踏まえて、33歳という年齢で離婚・再婚を考えるのに焦りを感じるということですが、それが離婚をためらうひとつの要因でしたら、まったくお門違いの考えです。

いまはよくても、**彼があなたに対して、今後絶対暴力を振るわないとはかぎりません**。もしかすると、あなたの体に深刻な被害を加えてしまうかもしれない相手ですが、これからも一緒に過ごしていって、本当に大丈夫なのでしょうか。

「食事に誘ってくれるようになった」ということですが、**私の知人も、不倫した夫がラーメン屋に誘ってくれたので喜んでいたら、食後さっさと妻を送り届けて、不倫相手**

と寿司屋へ行っていた、ということが尾行して発覚したそうです。

その事実を知った私の知人は、そのとき寿司屋で会っている夫と不倫相手に水をぶっかけて、離婚を決意したそうです。つまり、「夫婦で外食」が関係改善の証と判断するのはまだ早いのです。

もしあなたが普通の結婚をしていたら、夫のつまらないフェイスブックを絶えずチェックしなければ気が済まないような人にはならなかったはずです。**品性のない人と一緒にいるから、あなたの品性も落ちる**のです。

このままでは、もっと悪い事態になるかもしれません。

もし彼との間に子どもができたら、夫を給料運搬人と割り切り、ストレスを感じず、ひとりで育児ができますか？　子どもを父親の影響から守り、健全に安全に育てる、強くて優しい母親になる自信がありますか？

私は古い人間なので、あなたの夫のような軽々しい無責任な人間を軽蔑する気持ちが強く、まだ迷いがあるあなたには、私の意見は辛口すぎるかもしれません。

判断と決断はあなたがすることですが、**あなたが幸福を真摯に求めて生きたいのなら、**

そのパートナーは彼ではありません。
あなたの人生は、これから先のほうがずっと長いのです。

【このケースに学ぶ3つのポイント】

☑ 不倫・DV夫と別れられないなら、一生自分をだましつづける覚悟をもつべき。
☑ その場しのぎの口約束を、無理に信じようとしてはいけない。
☑ パートナーに、親になる資格があるかを見極めよう。

人間関係
最高の教訓
11

自分をだましてまで、
無理に相手を信じようとしないこと。
共に真摯に生きていける
パートナーかどうかを判断しよう。

不倫する夫に未練

ケース 2

不誠実な夫と別れられない

浮気相手と一緒に仕事をする毎日、朝帰りする夫……
つらい気持ちにフタをして生きるのが限界に

私の困った!!

結婚して10年経ち、現在1歳の息子がいます。夫は小さな会社の経営者で、私はその会社の社員として働いています。

夫は私の産後あたりから、突然服装や容姿が若返り、複数の女性と連れ立って歩くことが多くなりました。その中のひとり（会社の社員）とは深い関係にあり、毎日朝帰りをしています。夫からは彼女の話がよく出ますが、私は自分の気持ちを殺して、夫と一緒になって彼女を称賛しなければなりません。

ときどき、つい彼女への嫉妬心が言動に出てしまうことがあります。そんなとき夫は「恋愛関係でもないのに疑われるのは迷惑」と激昂し、離婚届を突きつけてきます。そして「自分のいまの生き方は変えない。つらいなら別れろ」と言うのです。

それでも私は、いまだに夫をひとりの男性として成功してほしいと願い、彼の幸福を願っています。そのため、私が身を引くのもひとつの方法ではないかとも考えたりします。

私は、夫を「お財布代わり」と割り切ることができませんが、衣食住を十分に保障してくれていることには感謝しています。しかも夫は息子をかわいがりますので、現在の言動が一過性なのかもしれないと感じ、なかなか離婚に同意する気になれません。

しかし、毎日何ごともないかのように接してくる浮気相手と一緒に仕事をするのも、ほかの社員の視線も、それらの苦痛を理解しようともしない夫にも、どんどん疲れてきました。**私にも非がありますので、自分が変わらなければならないことは、わかっているつもりです。**でも育児で精神的に余裕がないうえ、**つらい気持ちにフタをして生きることにも限界です。**助言をお願いします。

小泉玲子（仮名）

パンプキンからのアドバイス

まだ愛している夫が経済的責任と育児責任を果たし、不倫相手との関係が一過性の可能性があるならば、離婚を急ぐことはない。

▼本来ならば即離婚のケースだが……

まず、そんなにタイミングよく離婚届をもち出せる、あなたの夫の薄情な準備ぶりが信じられません。深読みすれば、**慰謝料なしで別れるために、あなたから離婚を切り出**

してくるよう、わざと仕掛けているようにも受け取れます。

たった一度、魔が差しただけの浮気でも許せずに離婚する多くの人の感覚で判断すれば、「即刻離婚すべし」と言いたいところです。

しかし今回は**よくある離婚のケースとは異なり、「すでに子どもがいて、夫君《ふくん》が子どもをよくかわいがっている」「家族の生計に対する責任は果たしている」「不誠実で浮気をしていても、まだ夫を愛している」という状況を鑑みて、「いまのところは離婚に応じない」という選択も十分にありえる**でしょう。

彼の不実を差し引いてでもあまる魅力や、そんなことでは断ち切れない夫婦の情などが、まだあるのだと感じられます。

あなたがこの精神的苦痛をそらせるならば、という条件付きですが、**その場合は、離婚を急ぐ必要はありません**。

離婚はいつでもできるのですから。

浮気性の夫が最後に戻ってくることは、意外と多い

無神経で不誠実な夫と、何ごともないかのように振る舞う彼女の態度に、神経をすり減らすつらい毎日だと思います。

ですが、**一過性の浮気のあと、最後は妻の元へ夫が帰ってくるケースも意外と多い**のです。

次に紹介する私の2人の友人の生き方を、参考にしてはいかがでしょうか。

友人の直子さん（仮名）夫婦は、親の猛反対を押し切っての結婚でした。にもかかわらず、夫の浮気は絶えません。ネクタイの締め方ひとつにも「新しい彼女の出現」を察知する彼女は、自ら調べたり尾行したりして、できるだけ早く現場を押さえ、夫を連れ帰ったそうです。

「無理に引き離しても、心が離れなければ解決にならない」と私が言うと、**「私は妻だから、夫が間違ったことをしているのに、黙って見ているわけにはいかない」**というのが彼女の流儀でした。

もうひとりの友人である優子さん（仮名）はロングヘアのアラフォー美人で、ファッションセンスが抜群な、まるで独身のように若々しい人でした。

しかし彼女の夫は20代の女性の元に走り、なかなか家に帰ってきません。ときどき夫が帰ってくるときの送迎は、優子さんの役目です。

彼女は夫の行いを**「子どもが駄々をこねている」と思うことにしている**そうです。

周囲は皆**「女性としてのプライドがないのか」**と騒ぎ立てましたが、優子さんはそれを笑い飛ばしていました。「彼女がいるときの夫は、家でもとても機嫌がいいのよ」と。

それから10年。直子さんの夫は、いまでは口を開けば夫婦ののろけ話で周囲からやっかみを受けています。優子さんの夫も、優子さんがいなければ生活が前に一歩も進まないほど、彼女にべったりの暮らしぶりです。

この2人のやり方をまねるのはなかなか難しいかもしれませんが、あなたの夫の最近の言動が一過性かもしれないと感じるようであれば、このようなケースは参考になるかもしれません。

浮気相手のレベルを見極め、自分の時間をもつ

あなたの夫と浮気相手の場合、職場であなたと顔を合わせる環境でそのような関係になるのは、普通では考えられない愚行です。**夫が悪いとしても、彼女も大した人間ではない**ことがわかります。

そんな人との関係が長続きするようなら、彼も大した人間ではありません。ですので、そのような人たちのために、**あなたが身を引く必要はまったくありません**。

彼女の話になったら聞き流し、最低でも一緒にほめてはいけません。**万が一ダメになったときは、不倫の証拠を突きつけ、夫に出て行ってもらうくらいの気構えをもちましょう**。

幸い、夫君《ふくん》は子どもをかわいがり、衣食住には心配のない、経済的に十分な生活ができています。これは、個人の価値観と家庭の状況にもよりますが、とても大きいことです。ほかの「浮気＝即刻離婚推奨ケース」との違いはこれです。

育児と仕事の両立で忙しいときですが、**こんなときこそ時間をつくり出し、自分だけの時間をもちましょう**。夫君のことを考えずに没頭できる自分だけの趣味の時間をもてば、その時間が待ち遠しくなる分だけ、彼らのことは頭から離れるものです。

相手の幸せを願わなくなるまで待つ

そのように過ごしても、彼があなたと子どもの元に帰ってくるよりも前に、あなたがどうしてもガマンできなくなったとき、もしくは**「彼の成功や幸福など、どうでもいい」と感じるようになったときに、離婚のことを考えはじめてみましょう。**

いまはまだ、そのときではないようです。

いつまで経っても彼が目を覚まさず、あなたの気持ちも冷めてきたら、彼はそれだけの人間だったのです。ここぞとばかりに、数々のあなたへの無礼を思い出し、三下り半を突きつけましょう。

そのときは、私もいっさい引き留めません。

【このケースに学ぶ3つのポイント】

☑ 夫が家計に責任を果たし、子どもをかわいがっているか、また自分が夫を心底愛しているかどうかも、別れのタイミングを考慮する際のポイント。

☑ 浮気をした伴侶が、そののち元のさやに収まるケースも少なくない。
☑ 浮気相手のレベルが低く、夫の浮気が一過性だと思うときは、判断を早まってはならない。

人間関係
最高の教訓
12

相手の過ちが一過性である可能性があるのなら、完全離別の判断を急ぐ必要はない。

風俗

ケース3

子どもの幸せのため、風俗狂いの浮気夫と縁を切るべきか

大好きな仕事をつまらない男のためにあきらめてしまったと後悔。この先どうする？

私の困った!!

夫は45歳、9歳の娘と4歳の息子をもつ42歳の専業主婦です。結婚して12年ですが、この8年間、**夫のキャバクラ嬢との浮気と風俗通いに悩んできました**。

私は東京出身ですが、大好きな仕事を辞めて、夫の実家のある地方に引っ越しました。

夫は週の半分は出張で東京へ行っています。そこで浮気をし、風俗も利用しているようです。海外出張にもキャバ嬢を同伴し、出張帰りの荷物の中に女性のものが紛れていたこともあります。

証拠を突きつけると、夫は「二度としない」と土下座して謝りますが、いつもその繰り返しです。何度も家を出ようかと悩みましたが、その都度幼い子どもたちが不憫になり、思いとどまってきました。

そんな折、夫の風俗利用がまた発覚しました。

もうこの人は改心しないと失望し、夫の下着を洗う生活を終わりにしたいという思いでいっぱいです。

私が望むのは、両親がいる東京に戻り、今後に備え仕事に就くことです。夫にはその間、子どもの父親としての責任は果たしてほしいのです。

しかし、9歳の娘が環境の変化に耐えられるか心配です。でもこのままの生活が続けば、私が病んでしまいそうです。

さらに気がかりなのは、**夫は自分の両親が要介護になった際の世話は妻の義務だと考えていること**です。夫婦の会話もほとんどないのに、これも納得がいきません。

私の人生のリセットは、子どもに対して無責任でしょうか。

さおり（仮名）

パンプキンからのアドバイス

母親が不幸を隠して育児をしても、子どもは見抜いている。大好きな仕事をあきらめてまで尽くす価値のある伴侶か、自問しよう。

子どもの教育に重要なのは、親のつくり笑いより「一生懸命な姿勢」

いま、あなたが不測の将来に備えて仕事をすることは、お子さんに対しても責任ある行為です。

確かな目的や事情などがあって専業主婦であるのも、立派な生き方です。

しかし、勤労意欲の強いあなたが「妻を平気で裏切る夫の下着を洗うのが主たる仕事」であるような夫婦関係を続けるのは、あなた自身の人生を裏切る行為です。

それに、地方から東京への転校が、子どもにとって必ずしもマイナスだとはかぎりません。**吉と出るか凶と出るかも、結局は母親のあなた次第**なのです。

伴侶が不誠実で、その相手に完全に愛想が尽きており、大好きな仕事まで犠牲にしてしまっているとき、すでに子どもがいたとしてもつくり笑いや子どもへの過剰な忖度《そんたく》は子どものためにはなりません。**「親が一生懸命生きている姿を見せる」ことこそが、子どもにとって最高の教育**なのです。

子どもの気持ちを過剰に忖度してはいけない——両親がそろっていればいいとはかぎらない

あなたが東京へ出る際のいちばんの懸念が、敏感な子どもが環境の変化に耐えられるかどうかでしたら、ご心配には及びません。

あなたが心機一転、**責任感とやる気に満ちた元気な母親に変身するほうが、むしろ子どもたちのためになる**はずだからです。

いま、あなたは不誠実な夫に悩みながら、手がかかる反抗期の子どもたちを、たったひとり、むなしい気持ちで育児されています。

あなたが夫のことで悩んでいる虚無感やイライラは、子どもの前では見せていないつもりでも、子どもたちはそれなりに敏感に感じ取り、心を痛めている場合が多いものです。

両親がそろっているいまの状態が、子どもにとってベストな環境とはかぎりません。

親の過保護や子どもへの過剰な忖度が、子どもの精神力をか弱くし、甘えた考えをもつ子どもに育てることもあるのです。

就労は「学びの宝庫」
――大好きな仕事をつまらない相手のためにあきらめてはならない

若いあなたがいまの状態にとどまることは、つまらない伴侶のために、より大きな幸福の追求をあきらめてしまうことです。

社会で働くということは、収入を得る以外にもさまざまな収穫があります。

定年になって「生きがいを失った」と嘆く多くの人と、90代でもなお現役で働いている人の幸福そうな表情や活躍を比較しても、それは容易に想像がつくことです。

私の80代の友人はいまも現役で働いていますが、快活で頭脳明晰、話題は泉のように豊富で、細かいことにこだわらないさっぱりした人です。**彼女の仕事上の努力や向上心、達成感、そして広い人脈で得た経験などが、彼女をさらに魅力ある人にしている**のは確かです。

一方で私たち団塊の世代は、不本意に専業主婦を強いられて後期高齢を迎えた人が本当に多い世代です。

なかには、単に家庭という温室から抜け出す勇気がなかっただけの人もいますが、いずれも幸福でない人ほど、それを家族や時代のせいにします。**視野が狭いがゆえにくどくなり、決断力や行動力もなく、一緒にいるだけでうっとうしくなることしばしば**です。そんな高齢者には、なりたくないものです。

もちろん、社会で働かなくとも心が広く、魅力的で幸福な人は大勢います。しかし仕事が大好きだったあなたは、**社会で働く中で成長しつづけ、輝き、充実した人生を送ってきたのではないでしょうか。そして社会で働いてこそ、より多くの喜びや生きがいを追求できる**タイプなのだと思います。

人生100年を有意義に生きよう

「計画が始動すれば、それは半分成し遂げたのも同じ」という言葉があります。

この言葉は考え方を変えれば「行動を起こさないのは、何も計画しなかったのと同じ」という意味にもとれます。

まして「人生100年時代」に、あなたの人生は、あと58年もあります。有意義な人生を送り、希望ある老後を迎えたいのなら、いま行動を起こすべきです。

あなたが向上心を失わず、適度な緊張感や生きがいをもって働き、納税義務を果たすことで社会に貢献しているという自信をもつことは、あなたを一層幸福にしてくれるはずです。

そして**幸福を感じている母親のほうが、子どもを幸せにすることができる**ものです。

このまま、不誠実な夫の両親を介護するはめになってもいい介護はできず、義父母を含めて誰も幸せにはなれません。

子どもは親の**「つくり笑顔」より「真剣に生きる姿」**を見て、多くを学ぶものなのです。

【このケースに学ぶ3つのポイント】

- ☑ 子どもの気持ちを過剰に忖度するべきでない。子どもにとってのベストな環境は、夫婦がそろっている状態とはかぎらない。
- ☑ 大好きな仕事をあきらめるに値する相手かどうかを見極めよう。
- ☑ 子どもに見せるのは「つくり笑顔」より「真剣に生きる姿」。

人間関係

最高の教訓 13

人間関係のリセットを恐れてはいけない。
充実した人生と成長の機会を、
不誠実なパートナーのために
あきらめてはいけない。

妻の浮気・不倫

ケース4

不倫は「プライバシー」？

自殺を図った私に対し、不倫相手を「心の支え」だと断言する妻。不倫も配偶者のプライバシーとして尊重すべきなのか？

私の困った!!

不倫をやめない妻との関係修復を望んでいます。

私たちは結婚17年目で中学生と小学生の子どもがいます。私は会社員、妻はパートタイマーです。

妻の不倫相手はスマホのゲームで知り合ったという男で、妻がスマホを肌身離さずもち歩くのを不審に思い、私がスマホの中身をのぞいたことで発覚しました。

私たちは週末には家族で外出し、記念日には夫婦2人で食事に出かけるなど、夫婦仲がいいと思っていただけに、妻の不倫はショックが大きく、心が壊れてしまいました。精神科にも通うほどになってしまったのです。

妻に別れるようお願いをしましたが「精神的に支えてもらっているだけで、別に付き合っているわけじゃない」とはぐらかされました。

年末年始の帰省時に、妻がその相手と会う約束をしていたのを知り、私はとうとう出発前日の夜に自殺を図ってしまいました。幸か不幸か、一命を取りとめたのですが、病院に来た妻は「無責任にもほどがある」と私に怒ったのです。

私は「もう連絡をとらないでほしい」と懇願したのですが、妻は「その人は心の支えだから、それはできない」と言うだけでした。

本音は修復を望みながらも離婚を切り出したところ、妻は「私と子どもを見捨てるのか」と怒り、話し合いになりません。不倫相手とはいまでも関係は続いていて、このままでは八方ふさがりです。

ミセス・パンプキンは以前、「夫婦であってもプライバシーは大切」とお話しされていましたが、不倫もプライバシーになるのでしょうか。

高山（仮名）

パンプキンからのアドバイス

あなたは妻に利用されているだけ。不倫相手と別れる気がない妻と暮らしつづける屈辱に耐えられるかどうかがカギ。

結婚の無言の約束ごと——不倫は「守られるべきプライバシー」ではない

まずはっきりと言いますが、**不倫は、夫（妻）が立ち入ってはいけないプライバシーではありません。**

私は以前「東洋経済オンライン」の連載で、「夫婦でも立ち入ってはいけないプライバシー」について述べました。その中のひとつに**「既婚者といっても、魅力的だと感じる異性との出会いは避けられない。しかし理性があり、家族への責任をわきまえている人なら、紛らわしい付き合いさえしないものだ。その段階で不倫だ、浮気だと騒ぐのは感心しない」**というものがありました。

結婚には責任や約束ごとが、有言無言にあります。「ほかに好きな人ができた」というだけで簡単に白紙に戻せるものではないのです。しかし「結婚の有言無言の約束ごと」に著しく背く行為は、「守られるべきプライバシー」ではありません。

夫人は、その真偽はさておき、「精神的に支えてもらっている」男性との「いいところの関係」にのぼせています。これからもその相手が、心を支えてくれる存在でありつづけるかどうかは怪しいものですが、しかしそれは、あなたには関係のないことです。

奇跡的に一命を取りとめたあなたの前で「相手は心の支えだから、（**あなたに命を懸けて**）**頼まれても縁は切れない」**と言った夫人に、正直私は開いた口がふさがりません。「男女の一線を越えた関係以上の背信」を、この言葉に感じます。妻のプライバシーの範囲を優に超えています。

この言葉に怒りと失望を感じつつも、あなたは彼女の改心に期待をもっているのですね。しかし、**これからもあなたは薄情な夫人に振り回される可能性が限りなく大きいのですが、その覚悟はできていますか？**

不倫妻が離婚したがらない理由は、結婚と不倫の「いいとこどり」

夫人が離婚を望まないのは、あなたへの情が残っているからではありません。あなた以外の家族からの信頼や社会的な信用、経済的な安定、世間体など、**何も失うことなく不倫を続けたい**からです。「花も実も欲しいだけ」なのです。

普通はそんな厚かましいことは望みません。失うものの大きさや、とくに子どもが抱える傷などを考えると、恋愛感情が芽生えても、ファンか尊敬の対象、高嶺の花として「見ているだけ」に留めるものです。

一生好きな人を想いながら、家庭の犠牲になって暮らせというのではありません。**健全な家庭を営む中で次々に得られる山ほどの「小さな幸福」や「喜び」が、それをよき思い出に変え、追憶のひとつにしてくれる**のです。

昔の考え方がいつも正しいというわけではありませんが、**昔は既婚者が「好き」という感情だけで家庭を捨て、好きな人のもとに走るのを、野良イヌや野良ネコにたとえて軽蔑**しました。これは、「人ならではの理性も常識も責任感も道徳観もない、後先の犠牲も考えない自分本位な人だ」という意味です。

とくに子どもの健全な成長を願う親なら、それは到底できることではありません。

私が知る不倫妻たちに共通しているのは、**夫婦の精神的な関係が「圧倒的に妻が優位」**だったことです。夫から無条件の寛大な愛情を受けることに慣れすぎ、外に愛人をつくっても現状維持のまま、**夫は自分に黙ってついて来ざるをえない**、と踏んでいることが多いことです。

あなたの夫人にも、それを感じます。

不倫妻との今後の展開3パターン

あなたが命まで懸けて訴えたことを残酷な言葉で返した夫人が、その残酷さに気づき、反省し謝罪したとしても、**あなたの苦悩は尾を引く**でしょう。

まして夫人の目が覚め、あなたの気持ちを尊重し、心に寄り添ってくれることは、期待薄です。離婚することで当面抱える苦悩より、それは深くて長いと思います。

夫人はあなたに、「黙って経済的に支え、世間体としての夫や父親を演じておればよ

い」と言っているのです。あなたの感情はまったく配慮していません。

今後の身の振り方として考えられるのは、次の3つです。

どれに向かって努力することが、あなたにとって納得のいく人生になりそうか、考えてみてください。

①元のさやに収まる時期を苦悩しながら待つ

これは何年かかるかわかりませんが「妻が戻ってくる」というシナリオが前提です。

ただし戻ったものの、**何年かかっても傷は癒えない**という夫もいます。

また妻側でも「夫は嫌い」と公言してはばからない人もいますが、それなりに家族旅行などもあって、にぎやかに家族として過ごしている事例は意外と多いものです。

②あの手この手を使って連絡を絶たせる

これは結局、余計に不倫関係を燃え上がらせる傾向にあり、家出を繰り返すなど、**かえって不幸が増す**パターンです。

③離婚する

結論を出すまでずいぶん悩むでしょうし、決心に数年かかるかもしれません。

しかし、**不倫発覚から決心するまでがいちばん苦しい時期で、そのあとはむしろ「自分の人生を生きている喜びがある」と、悩んでいたのがウソのような幸せな生き方をしている人がダントツに多い**例です。

夫の性格や妻の浮気の本気度、居直り方など、さまざまな事情を加味する必要がありますが、あなたはいまのところ、ひとつめの「元さや」パターンを目指して、苦悩しておられると思います。

強調しますが、このような状況でも夫人との修復を望むなら、**継続的な屈辱に耐えつづける覚悟が必要**です。どのパターンを目指すにしても当分は苦悩が続きますが、そのあとに待っているものも考えて、**あなたのエネルギーを有効に使ってください**。

あなたの人生はまだまだこれからです。一度しかない人生を、どうか大切になさってください。

人間関係
最高の教訓 14

苦悩を抱えて屈辱に耐えるより、「元さや」に執着せず、前向きな人間関係のリセットにエネルギーを使おう。

【このケースに学ぶ3つのポイント】

☑ 結婚には無言の約束ごとがある。それを無視した不倫は、守られるべきプライバシーではない。

☑ 不倫妻が離婚を望まないのは夫に未練があるからではなく、何ひとつあきらめず花も実も欲しいからにすぎない。

☑ 離婚の苦悩と関係を続ける苦悩のどちらが大きいかを判断する。

不倫の代償

ケース5

ダブル不倫の末、相手の子を出産。ところが、突然音信不通に

妊娠を告げたとき「陰ながら支える」と言った彼。どうしても現実を受け止めきれない

私の困った!!

現在3歳になる娘の母親です。ダブル不倫の末、次女を出産しました。**タイミング的に不倫相手の子どもに間違いありません。**

しかし、現在不倫相手の彼とは連絡がとれない状態です。

彼とは職場で2年ほど前に知り合い、土日の連絡はせず、お互いの家庭にバレないように関係を続けてきました。

妊娠を告げたとき、彼は堕ろしてほしいとは言わず、**「これが俺の宿命だから、**

陰ながら支える。いつもつながっているから」と言ってくれました。

でも、出産して3カ月経ったあたりから、私はそれまでの彼との状態に耐えられなくなりました。

彼と一緒に住めないいらだちがつのり、彼と夫を比べ、どんどん夫が嫌になっていきました。育児ストレスもあったと思いますが、不倫相手の彼にも八つ当たりしていました。

そして不倫相手に「もう会いたくない。会ったら先のこと考えてしまうから」と、メールで送ってしまいました。

するとその後、音信不通になりました。

「伝えたいことがあるから電話してもいいですか?」とメールしても反応はなく、言

葉をかえて何度メールしても返事はありません。

自分の子どもを産ませ、「ずっと支えるから」と言っていたのに、八つ当たりメールくらいで切れてしまうものなのですか？

ダブル不倫でしたし、私にも悪いところはあります。でも**どうして彼は離れてしまったのかが、わかりません**。

この現実をどう受け止め、この先どう生きていったらよいか、助言をお願いします。

匿名子

パンプキンからのアドバイス

不倫相手はあなたのことを愛していない。この先、夫を一生だまし通すか、正直に打ち明けるかの二択しかない。

不倫相手のくだらなさ、無責任さに目を覚まそう

このようなケースでは、方法は2つあります。

ひとつは**自分の子だと信じている夫を一生だましつづけて、そのまま2人の娘さんをいまの家庭で育てる**方法です。これには、あなたに相当な図々しさや非誠実性が求められます。

もうひとつは**正直に夫に打ち明ける**方法です。その後の展開は、あなたの夫次第です。

どうして彼が離れていったのか、本当にわからないのでしょうか？

はっきり言って、**不倫相手はあなたのことを愛していません**。少なくとも、妊娠したときの彼の軽いセリフは、到底「愛」と呼べる代物ではありません。

あなたの相談文を読んだ読者のほとんどが、あなたが妊娠したときの彼の言葉に、彼の人間性を見抜いたはずです。生まれてくる子どもの人生を考え、自分の責任を自覚し、何人の人を欺くことになるかを考えれば、そこでそんなセリフは出てきません。

第三者から見れば、それは「愛」ではありません。

「この瞬間だけ楽しければいい」と考えている、無責任でだらしのない男の典型です。

相手は逃げるタイミングをうかがっていた

そして、**いまのあなたのいちばんの関心が、彼との音信不通であること**に、私は非常に怒りをおぼえます。

「八つ当たりメールくらいでどうして彼は離れていったのか」と悩んでいるようですが、彼はあなたのメールで離れていったのではありません。彼は、ずっと以前から**あなたから離れるタイミングをうかがっていた**のです。

彼はあなたが妊娠を伝えたとき、「陰ながら支える」と言ったようですが、父親が「陰で支えて」どうするのでしょうか？　**彼はあなたが望んだような返事をしたのかもしれませんが、同時に「あなたから逃げる態勢」に入った**のです。

本心では、あなたが産まない判断をしてくれることを望んだに違いありません。ところが、その重大な本心すらあなたに言うことができない、無責任で愚かな男だったということです。

あなたの八つ当たりメールは、彼にとってまさに「渡りに舟」「棚ぼたメール」だったのです。

いまのあなたには本当に酷ですが、あなたがメールを送らなかったとしてもいずれ早々に、そうなるしかなかった関係だったのです。

悩むべきは子どもの出生の秘密

しかし、**彼と同じくらい無責任なのは、何といってもあなた自身です。本当に、生まれてくる子の人生をきちんと考えたのでしょうか**。

いつかは長女も連れて、離婚した彼と所帯がもてると計算したのでしょうか？ あるいは一生、夫や親戚、相手の家族なども欺きながら、2人の関係が続くと思ったのでしょうか？

あなたが本当に悩み、考えねばならない問題は、子どもの出生の秘密に関する問題です。彼の音信不通ではありません。

あなたが関係修復のために彼を追うほどの値打ちもありません（その後の夫との話の展開によっては認知の問題がありますから、公的に彼と連絡をとる必要が出てくるかもしれませんが）。

リスクを負ってでも、正直に打ち明けるべき

最後はあなたのご判断となりますが、私は、**たとえすぐに家庭が壊れることになろうとも、夫にすべてを打ち明け、今後を話し合うことをおすすめします**。

いまのままで、健全な家庭づくりと健全な育児ができるとは思えません。せめて、あなたの責任で整理できる地点まではもっていくべきです。

あとになればなるほど、ウソがさらなるウソを生み、問題は複雑になっていきます。あなたが**これらを放置すればするほど、多くの人の傷口が広がっていく**のです。

その際、さまざまな問題が起こるでしょう。

あなたの夫の出方次第では、次女が自分の子どもではないという嫡出否認訴訟や、次女の実父である人への次女の認知訴訟などが起こる可能性があります。

しかし、あなたはそれを正面から受け止めなければなりません。

ウソを重ね、罪の上積みをしていく行為は、結局はあなた自身をさらに苦しめ、被害者を増やすことになるのです。

【このケースに学ぶ3つのポイント】

☑ 不倫関係は、お互いに責任がないときだけ存続するのが大半である。
☑ 子どもの今後を真剣に考えるべし。逃げた不倫相手のことを想い悩んでいる場合ではない。
☑ 伴侶への告白は、ウソが長引くほど罪深くなる。

人間関係
最高の教訓 15

責任がないときだけ成立する偽りの関係に、執着してはいけない。ウソをつけばさらなるウソが必要になり、罪の上積みが続く。

浮気で離婚、その後

ケース6

私の家庭を壊した女が幸せになるのは許せない！

元夫と不倫をした女性が、別の相手と幸せな結婚生活を築いているのは不公平ではないか

私の困った!!

私の家庭を壊した女性が、幸せな家庭を築いていました。

私は過去、元夫と彼女の不倫が原因で離婚しました。浮気がバレるたび、何度別れるように言っても、元夫は謝るどころか開き直り、最後まで別れませんでした。

ついに私の精神状態は限界に達し、幼い子ども2人を連れて離婚しました。

あれだけの執着心で不倫を続けた2人ですから、きっと再婚するのだろうと思っていましたが、相手の女性は私たちが離婚するとサッサと元夫から離れ、別れてしまったようです。

聞けば、相手の女性は私たち夫婦以外にも、いくつもの家庭を壊しているそうです。そのような女性に出会ってしまった不運を嘆きました。

数年後、その不倫女性のフェイスブックをたまたま見つけました。そこで彼女は、白無垢を着て、袴姿の男性の隣で微笑んでいました。自分の母親と子ども、その子どもの継父となる再婚相手と共に、家族そろった写真です。

私の家庭を壊し、子どもたちから父親を奪い、あれだけたくさんの家庭を壊して、何人も傷つけておいて、自分はちゃっかり結婚し家庭を築いているなんて、怒りでいっぱいです。

その後も、子育てに関することや、女性の働き方への投稿、子どもをもつ母親がいかに社会で活躍し、過ごしやすい環境をつくれるかなど、読んでいて吐き気がするような内容が続いています。「あなたに何がわかるのか」と言ってやりたい気分です。

うちの子どもたちは父親不在を受け入れ、一生懸命にがんばって過ごしているのに、不倫女性もその子どもも、夫や父親という存在を当たり前のように得ながら育っていくのですよね？

もう、**どうやってこの現実を受け入れたらいいのかわかりません**。

その**不倫女性の家庭も壊れ、不幸になればいい**と思っています。この苦しみをどうすればいいのでしょうか。

かえで（仮名）

パンプキンからのアドバイス

恨みつづけるだけで、負け戦《いくさ》と思え。

世の中は、不平等だらけ

もしあなたが、そんな薄情な元夫と別れてせいせいしていたら、いまのような気分にはならなかったでしょう。しかし、「彼女さえ出現していなかったら、離婚が絶対にならなかった」というわけではありません。

「彼女のおかげで、元夫の薄情な本性がわかってよかった」という考えに切り替えま**しょう**。

不倫がバレるたびに、居直った人なのです。**彼女がいなくとも、いつかはそうなった関係かもしれません**。

またあなたは、**元夫の不倫相手のフェイスブックを見てはいけません**。

もうあなたと関係がなくなってから数年を経ていますし、あなたが泣き叫ぼうが塩を撒こうが、相手は痛くもかゆくもないのですから。

世の中はさまざまなことが不平等で成り立っています。被害者は、あなただけではありません。

恨みつづけるだけで負け戦

あなたが**元夫の不倫相手の不幸を願いつづけている時点で、あなたは彼女にも、自分の人生にも負けている**のです。

不倫をして居直ったりするような夫と離婚に至ったのは、勝ち負けの話ではありません。しかし、その後数年間も、あなたがそれを引きずっているのは、元夫や不倫相手に負けている証拠です。

しかも、あなたが憎んでいる相手が、元夫よりも不倫相手であることが気になります。気持ちは痛いほどわかりますが、**父親に見捨てられた子どもたちを父親の分まで愛してしっかり育てていたら、そのような心の隙間はできないはず**なのです。

フェイスブックで彼女に会いに行くのをやめればいいのです。彼女はそこでは、おとぎ話のようなことしか書かないでしょう。見ても腹が立つだけです。

「魔性の女」が幸せに落ち着く例もありますが、あなたが望まなくても、いまの幸せがいつまでも続く確率のほうが低いのです。

そして**どちらに転んでも、あなたのこれからの人生には関係のないこと**です。

そんな「魔性の女」に引っかかって妻子を捨てた彼に問題があったのです。こんなとき、「不倫相手が素晴らしい人だったらあきらめがつくのに」という人は多いものです。

元夫は憎むべき価値もない人

いまのあなたの心情を察すると、彼が自分の過ちを認め、土下座して許しを請えば、あなたは彼を受け入れそうではありませんか。

それは彼がいちばんよく知っているはずですが、実際そのような行動には出ていません。つまり**彼とはそこまでの縁で、彼はあなたにとってそれだけの人だった**のです。

そんな**彼を憎みつづける間は、あなたの人生は劣化するだけ**です。ましてや**元夫の元不倫相手など、あなたの世界から抹消するべき**です。

この2人に惑わされつづけるのは、**不幸の中に自分の身をおいて、前進しない口実をつくるようなもの**です。

薄情で無責任だった元夫の分まで強く優しく、子どもたちを育ててください。同時に**あなた自身の幸福を追求してください。あなた自身が充実すれば、つまらないあの人たちがどうなろうと気にならないはず**です。

彼らにこれ以上、あなたの人生を阻ませないためのそのカギは、あなたの心の中にあります。

人間関係
最高の教訓 16

人を恨みつづけるだけで、その人生はすでに負け戦。

【このケースに学ぶ3つのポイント】

☑ 浮気相手の女性に家庭を壊されたのではなく、夫の本性を知らせてもらったと気持ちを切り替えよう。

☑ 人を憎みつづけている間は、自分の人生も劣化する。

☑ 自分の人生が充実していれば、人を憎んでいる時間も惜しくなる。

第4章

どこまで耐えればいいの!?「暴言・暴力・虐待」の悩み

暴力は耐えれば耐えるほど、エスカレートしていく

――「自分が悪い」というマインドコントロールから抜け出そう

2001年、先進国の中ではかなり遅れをとった形で、日本で最初のDV防止法（配偶者からの暴力の防止及び被害者の保護等に関する法律）が制定されました。このDV防止法では「配偶者からの身体に対する暴力又はこれに準ずる心身に有害な影響を及ぼす言動」が「配偶者からの暴力」に含まれます。

しかし、その法律の制定で家庭内暴力が減ったとは思えない現実があります。

本章を読んだ人は皆様、驚かれるのではないでしょうか。パートナーからひどい暴力を受けているにもかかわらず、被害者がなお離婚をためらっていることが少なくなく、その暴力の内容が恐ろしく卑劣で幼稚なのです。

言葉の暴力である「モラハラ」に関する相談も増えています。

本章でも扱っていますが、一緒に幸せになるために結婚した相手の自尊心を踏みにじり、心身への虐待を繰り返し加える人間は、ほぼ救いようがありません。

また、ＤＶ夫に奴隷のような扱いを受けながらも、「離婚をすると生活が不安だから」と、暴言・暴力に耐えつづける人が少なくありませんが、別れて自分で働くか、一時的に他者を頼ってでも自立への努力をするほうが、よほど健全だと考えます。

ほかにも、小さなことで大騒ぎして暴力を振るう相手に対してオドオドとした態度をとることで、さらに虐待がエスカレートすることもあります。

そしてその被害が子どもに及び、あろうことかその暴力を傍観することで、その子の将来を蝕むことも少なくないのです。

人生には耐えなければならない苦労がたくさんありますが、家庭内暴力だけは、絶対に耐えてはいけません。仮にそれが、加害者の意思によるものでなくても、ひとりで抱え込んでしまってはいけないのです。

決して「自分さえガマンすれば解決する」問題ではありません。まずは身も心も、加害者から離れることが先決なのです。

モラハラ

ケース1

「お前は異常だ」「バカだ」17年間繰り返されてきた夫の暴言

結婚当初からガマンしつづけた罵詈雑言にもう耐えられない。息子の自立を機に離婚するべきか？

私の困った!!

私は結婚して17年、転勤族で中学生の息子が1人います。じつは、夫とは結婚当初から性格が合いません。

17年間、どんなときも「私さえガマンすれば」と思って耐えてきましたが、最近はそれがとてもつらくなってきました。

夫は四六時中私をバカにしていて「お前は異常者だ、バカだ」「一緒に飯を食いたくない」「早く単身赴任したい」などと、ひどい暴言を浴びせられてきました。

「お前とは合わない」「この家から出て行ってくれ」「俺の代わりに稼いでこい、誰のおかげで飯が食えてると思ってるんだ」などは、夫の口癖です。

私が病気で寝込むと、「勘弁してくれよ、仕事で疲れて帰ってきているのに、夕飯まで俺につくらせるのか」と言い、野菜を洗っているだけで、「水道代を考えてくれ！　今度高かったらお前に払ってもらうからな！」という具合です。

夫から金銭的に援助を受けている私の父に対しても「早く死ねばいいのに」「生きているだけで迷惑だ」と言います。

いままで浴びせられてきたひどい暴言は山ほどあり、思い出すだけで涙が止まりません。

17年間の夫婦生活で言いたいことも言えず、心を許したことがなかった日々でした。

私が何を話しても「バカか、勉強しろ！　本を読め！　だからお前は嫌われるんだ」などといつも返事は決まっていて、自分が傷つくだけだからです。

最近では夫が話すたびに怯えてしまい、ビクビクしてしまいます。息子が大学生になって夫婦だけになることを想像すると、息が詰まります。

私は離婚を考えるべきでしょうか。

藤林（仮名）

パンプキンからのアドバイス

離婚しよう。虐待されて自尊心を貶《おとし》められているときにガマンしても、事態は悪化するだけ。

難破船にしがみつく理由はない

夫が言葉を発するだけで、その内容にかかわらず怯え、夫がいるだけでビクビクする生活は、夫が不在中でも、四六時中安らげない状態になります。

横暴で支配的な夫と暮らす生活は、悲惨で残酷です。

あなたは、横暴で能力のない船長がいる難破船にしがみついているような状態です。そんな悲惨な結婚には、存続理由がありません。

モラハラで自尊心を貶められ、それでも**「自分さえガマンすればよい」と隷属状態に耐える典型パターンです。一刻も早く離婚するべき**です。

夫君《ふくん》の暴言は、反省や改心を期待できるレベルではありません。

あなたに「バカか、勉強しろ！　本を読め！」とワンパターンで罵るようですが、それはそっくり彼に返したい言葉です。

家族全員に出口がなく、あるのは危険だけです。夫君の暴言は、まさに「言葉で人を殺す行為」なのです。

あなたの魂は、殺されている

他人から見ると幸せそうな家庭でも、じつは深刻な問題を抱えている場合が多いものです。しかしこの場合でさえ、愛憎相半ばだったり、過去の愛情がベースにあったりするからこそ、もめる場合が多いのです。

これに対し、あなたの場合は**過去17年間で一度もこの愛情を感じた時期がなく、まさに絶望的**です。

私の知人の中には、夫が酒乱になるたびに庭や車に避難して夜を過ごし、夫がギャンブルで破滅しているのに、更生に期待をかけつづけている人がいます。

少なくとも彼女たちには、**夫が平常に戻れば普通の夫婦として過ごせる時間があり、期待をかけることができるほどの夫婦の過去の歴史がある**のです。あなたには、このどれもありません。

彼の残酷さは「血も涙もない人間」という言葉がぴったりです。

あなたの魂は、もはや殺されているのです。

唯一の救いは、あなたが遅まきながらも限界を感じていることです。

ガマンは、すればいいというものではありません。**あなたのガマンは夫の横暴性や家族全員の不幸を助長しているだけ**なのです。

不幸の継続を自分で選択してはならない

人生に不幸やトラブルは避けられません。ところが**不幸の内容によっては、本人が不幸を「選びつづけている」場合がある**のです。

もしも彼と縁を切ったとき、あなたの人生はさまざまな困難があるでしょうが、いまより悪くなるケースはごくわずかです。

仮に100万歩譲って、あなたが「一緒に食事をするのも耐えられないほどの異常者」だったとします。そして野菜を洗うときに、常識ではありえないほど水をムダに使う人だったとします。それでも「水道代を払え」と言う人など、聞いたことがありません。あなたの父上に対する暴言も同様です。

彼は、完全に常軌を逸しています。もはや彼自身が「異常者」と言っても過言ではあ

りません。

そんな彼との離婚をためらうのは、諸事情を差し引いても、あなた自身が奴隷状態に慣れ切っているか、それ以外の生き方がないと**マインドコントロールされている**からです。

人格者や幸せな人と一緒にいると、それだけでハッピーな気分になり、勇気がわいてくることがありますが、これと同じ理由で**彼のような人とは、同じ空気を吸うだけで不幸になる**のです。

あなたは日常的に脅迫されている人生に、終止符を打つべきです。

彼の望みどおり、出て行くことをおすすめします。そして即刻、離婚手続きを進めるべきです。**尽くし甲斐のない人に尽くすことほど、人生をムダにするものはありません**。

70代でも現役で働くのが当たり前になった時代です。

あなたが父上を養うことだってできないはずがありません。17年間もよくガマンしたと思います。

残りの人生は**自立した女性として、プライドをもって生きてください**。

人間関係
最高の教訓
17

自尊心を貶める人と、
共にいてはならない。
「言葉による魂の殺人」を
許してはならない。

【このケースに学ぶ3つのポイント】

☑ 卑劣な暴言に、マインドコントロールされてはいけない。

☑ 自分が受けている奴隷並みの不当な扱いを見抜き、嘆くのではなくきちんと相手に抗議するべき。

☑ 尽くし甲斐のない人に尽くすのは、不幸の継続を自分で選択するのと同じこと。

ケース2

「子どもを堕ろせ」という暴君夫に怯える、無職無収入の生活

私を使用人扱いし、アラ探しをしては怒鳴る夫。妊娠中で無職のため離婚は考えられず、先が見えない

私の困った!!

結婚して半年ですが、夫のワガママと暴言に耐えきれず、精神的に参っています。

私は現在妊娠中ですが、それを機に仕事を辞め、専業主婦をしています。

夫は家事をいっさいせず、入浴後に使用するタオル、着替えなどの支度、布団の上げ下げ、翌日の仕事のための書類や持ち物準備、お弁当づくりなど、すべて私の役目です。その中のひとつでもできないと「愛が冷める」「自分は大切に扱われていない」と言います。

夫は毎日帰宅するたびに「洗面所に髪の毛が落ちていた」「玄関にホコリがある」などと何かしらアラを見つけては、私を叱ります。

そのせいで、「今日は何を言われるか」とビクビクしながら毎日を暮らしています。つわりで体調が悪いときでも、なんとか文句を言われないで済むようにと、家事をがんばってきました。

ところが先日、あまりにも耐えられなくなり、思い切って夫にその思いを伝えました。

すると「自分の言うことにすべて従い、快適な生活のサポートをしてくれる気がないのなら離婚だ。お前に対する愛情はまったくなくなった。子どもは堕ろせ」と言われました。

私はいま、妊娠中で無職無収入です。生活費は夫に必要経費を申告してからもらうので、自由なお金はなく、離婚されたら生活ができません。ですから、離婚は絶対にしたくないのです。

私はどうしたらいいのでしょうか。

献子（仮名）

パンプキンからのアドバイス

妻を使用人扱いする暴君夫に、愛情を期待することは不可能。

妊娠中の妻に難癖をつけるのは愛情がない証拠

このようなアラ探しを続ける暴君タイプの場合、２つのパターンに分かれます。

ひとつは**「潔癖主義者」**です。

こちらは、離婚願望があるわけではありません。**寛容な愛情をもたないだけで、それなりの情はあります**。またはその表現方法を知らないだけです。あるいは、自分好みの妻にしたい思いが先走っているだけの人もいます。

もうひとつは、妻に何の愛情も感じていないどころか完全に見下しており、妻をこき使っても大丈夫とタカをくくっているか、あわよくば離婚したいと思っている人の**「卑怯なアラ探し」**である場合です。

この場合はいくら妻が尽くしても、もちろん感謝の対象にはならず、**献身すればする**

ほど徒労が増すだけです。

相談文から推察するに、彼は後者だと思います。

彼は、あなたのはじめての要望にも聞く耳をもたなかったどころか、返し刀で切りつけています。さらに「離婚」や「お腹の子を堕ろせ」などという暴言を簡単に口にしています。

酷な言い方ですが、彼は**「あなたに愛情をもっていない」**か**「人の愛し方を知らない生来薄情な人」**であると見るほうが自然です。

自分を安売りする人は人生をムダにする

このような人でも、自分の子どもには深い愛情を抱く人はいて、その母親に対しても、いくらか尊重する態度が芽生えることがあります。しかし、それはレアケースです。

おそらく子どもの分まで口やかましくなり、あなたはビクビクすることが増え、あなたにとって**家庭はさらなる闘いの場となり、安らげることはないでしょう**。

私の友人に、あなたのように夫に叱られつづけて暮らした耐子（仮名）がいます。
彼女は、朝のあいさつから夫の叱責の対象になるような生活を続けていたそうです。世間知らずだった彼女は子育てに一段落つき、友人たちの家庭事情を知るようになって、大きなショックを受けたのだそうです。「世の中の妻たちは、なんて家族に大切にされ、楽しく笑って生活しているのだろう！」と。

パートナーの家事に小さな不満があったからといって愛情が冷めるのは、愛ではありません。**夫婦は共に欠点をも補い合いながら慈しみ合い、成長していく**のです。しかし耐子のいちばんの後悔は、そのことではありません。

自分が知る妻たちの誰よりも夫に神経を使い、家庭に波風が立たないよう献身的に仕えた夫が、自分への感謝の念がないどころか、相変わらず罵倒しつづけることです。そんな際限なく横暴な人に耐えた自分が情けないというのです。

私がときどき力を込めて言っている**「尽くし甲斐のない人に尽くすな」**のいちばんのモデルが彼女です。**家庭が「針のむしろ」なんて、全人生を奪われたのも同じ**です。
「いままでの時間を取り戻せるものなら取り戻したい」と、安売りしすぎた自分の人生に、耐子の後悔は尽きません。

パンさえあれば、虐待に耐えられるか？

耐子によると、10年目よりは20年目……というふうに、叱られる回数は減るのだそうです。

それは夫の性格が丸くなったからではなく、先回りして夫の機嫌を損ねないように気遣いできるようになったからにすぎません。つまり、ますます彼女の神経は、張り詰める一方でした。

年を重ねると丸くなる人も多いとときどき言及している私ですが、彼女の夫にはそれが当てはまりませんでした。

半世紀後に少しでもマシになるなら（ならないかもしれませんが）、その間の苦労は何でもありませんか？　現代の日本で、パンを自分で調達することが、彼から虐げられつづけること以上に苦しいことでしょうか？

間違ってもあなたの哀訴やショック療法で、夫が変わるなどと期待してはいけません。**この広い世界で、あなたが「食べる」方法は、その卑劣な夫にしがみつくことだけではないはず**です。

これからの長い年月を、言葉で殺されつづけるのではなく、人並みに大切に扱われたり、笑ったり感動できる人生を歩みたいと望むなら、別の選択をするべきです。

いま、あなたは妊娠中のうえ無職でたいへんな時期かもしれませんが、**いろいろな人の助けを借りれば、乗り切れるはず**です。**子どもを産み、育児をしながら仕事をもつという素晴らしい人生の選択肢も、あなたには用意されている**のです。

【このケースに学ぶ3つのポイント】

☑ 妊娠中のパートナーへの暴言は、相手を愛していないことの表れ。
☑ 虐待する人の性根の変化を期待してはならない。
☑ パンを得るために、虐待に耐えてはいけない。

人間関係
最高の教訓
18

自分の人生を安売りしてはいけない。「食べる」ために虐待を甘受してはいけない。

ケース3

妻や義母からの罵倒に耐えられず、死がよぎる毎日

育児や行事に関する親族間の軋轢《あつれき》やすれ違いに出口が見えない。今後どう向き合うべきか?

私の困った!!

妻との関係がつらくて毎日自殺を考えています。まったく出口が見えません。

私たち夫婦は共働きで、上の娘が5歳、下の息子は生まれたばかりです。育児を考え、通勤時間がかかりますが、5年前に妻の実家の近くに家を買いました。

私はいままで家事も育児も全力で取り組んできましたが、妻は百のうちひとつでも気に食わないことがあると、そこだけ見て私を罵倒します。

たとえば妻が出産時、遠方に住む私の母が飛行機で出産祝いに駆けつけた日は、妻の退院日でした。事前に妻には報告してあって、特別反対もされませんでした。ところが私が帰りに母を空港へ送って行ったため、妻はひとりでタクシーで退院

するはめになり、激怒しました。自分の退院日を見舞い日に決めた母も私も、妻から見れば許せない人間だったのです。

また、私の母は伝統やしきたりにうるさくなく、しかも妻の実家に気を遣って、お宮参りなどの行事は「お任せします」という姿勢だったのですが、妻のほうは家や伝統にこだわり、義母は「そっちの家の跡取りを産んだのに、お宮参りに顔も出さないとは何ごとか」と言うのです。

行事があるたびに私の気配りが足りず、ことあるごとに必ず妻や義母らの機嫌を損ねてしまいます。結婚して何年も必死で妻には気を遣ってきましたが、もう疲れ果てました。何をどうがんばっても状況は悪化

するばかりです。

長年にわたる誤解、すれ違い、思い違いの積み重ねは文章にしきれませんが、人と人、家と家との間で起こる軋轢に押しつぶされ、「死にたい」ということばかり考えているここ数カ月です。毎日妻や周囲の人を逆恨みしてしまいます。

私はどのようにしてこの状況と向き合えばよいのでしょうか？

自殺願望のたまった塵芥（仮名）

パンプキンからのアドバイス

価値観の違いではなく、家族で平穏に過ごす気がない人による単なる家庭内いじめだと見抜こう。

離婚覚悟で思いを伝える

現状は完全にあなたが「家族ぐるみでバカにされている状態」であり、毅然と怒りと思いを伝え、離婚覚悟で臨むべき状況です。

地味で控えめなあなたの母上のやり方が誤解され、あなたは母上が優しく悪気がないのを知るだけに、余計に心労が重なっているのだと思います。

あなたの悩みの問題点は、夫人たちのあなたへの叱責が**「両家の家風の違いによるずれ違いが原因」などと勘違いしている点**にあります。

これは家風の違いではなく、性格の悪い夫人たちがあなたと母上に因縁をつけていじめているのであり、これは立派な虐待です。**「死にたい」と考えるそのエネルギーで、いじめと対決するべき**です。

低レベルな人ほど、小さなことで大騒ぎする

もめごとの絶えない家族は、針が倒れても柱を倒したように怒る人がいて、またその人に従属する人がいるものです。

家族で平穏に過ごす気などさらさらなく、解決方法ももたず、弱い者いじめか虐待することで、貧しい心を満たしているような人は確かにいます。

夫人とその母親は同じ低レベルで助長し合っている、本当にタチが悪い人たちです。ゆめゆめ**「長年の誤解やすれ違いの積み重ね」などと誤解してはいけません**。もし夫人か母親ができた人なら、こんなことであなたを苦しめません。

人格者はたいてい性善説で、理解や思いやりが深いものです。少々のことでは騒がずもめず、大きなトラブルも大ごとにせず穏便に解決するものです。

私の母もあなたの母上のように遠慮と気遣いの塊でしたが、姻戚からいつも好意的な理解を受けていました。私はそれを身近で見てきただけに、夫人たちのタチの悪さがわかります。

夫人たちのレベルの低さを見抜きましょう。そんな人たちの嫌がらせに「死にたい」などと悩んではいけません。

虐待はオドオドしているかぎり、エスカレートする

いじめや虐待は、オドオドして従うほど加速します。

私は、あなたの夫人とその母親にそっくりな性格の母娘を知っています。

娘である鹿子（仮名）からその姑の悪口を喜んで聞いていた母親の馬子（仮名）は、むしろ娘の鹿子の非道な行いをあおっているように見えました。母親の無条件の承認で、鹿子の姑への横暴はエスカレートしました。

鹿子の姑は無口でおとなしく、家庭平和を何よりも望んでいた人なので、嫁の悪口はたとえ息子や娘にも言わない人でした。それは鹿子の陰湿な無視戦法や暴力的な虐待を助長しました。ささいなことで姑を罵倒したり、あてつけにものを投げたりすることは日常茶飯事になったそうです。

こうした暴挙は歯止めがきかず、彼女の姑が死ぬまで続きました。

よほど大きなショッキングな出来事が起きて、このような人を変えることができるのかどうかはわかりませんが、**彼女はその後も手あたり次第、自分より弱い立場の人には**

容赦ないいじめをする嫌われ者です。

あなたの夫人も、それについている母親も、もはや歯止めがきかない状態です。**あなたが悩み、耐えてオドオドしているかぎり、虐待は弱まるどころかエスカレートしていくのは明白**です。

その矛先が、子どもたちに向かわない保証もありません。少なくとも、いまのあなたの心境をはっきりと伝えるべきです。

毅然とした態度で、深刻な思いと怒りを伝えよう

おそらく、あなたは口では夫人に勝てません。

手紙や法的に証拠となる文書の形で、あなたの消え入りたい現在の心境を克明に伝えるべきです。

たとえば、**「行事のたびに親子でよってたかって責め立てられるのは、これ以上ガマンができない。普通の家庭のように、考え方の違いも善意に解釈できず、理解し合えないなら、この生活に希望がもてない」**のようにはっきりと伝えましょう。

性格が柔和で口争いできないあなたの立場はよくわかります。ですが、断固とした思いを伝えなければ、前には進めないのです。

それでも**夫人側から誠意ある返事がなければ、その結婚生活に出口はありません**。

彼女は、あなたの運命を握っているただひとりの人ではないのです。

この世から消えるなどとは絶対に考えず、**毅然とした意思表示をし、別居、離婚など多くの選択肢がある**ことを忘れないでください。

【このケースに学ぶ3つのポイント】

☑ 低レベルな人ほど、小さなことで大騒ぎする。
☑ 家風や価値観の違いと、単なるいじめとの相違を見抜こう。
☑ 虐待は、虐待の対象がオドオドしていると、エスカレートしてしまう。

人間関係
最高の教訓
19

誤解やすれ違いを善意で解決できない関係は、
早晩破綻する。
間違っても自分を責めて、
虐待を助長させてはならない。

暴力・虐待

ケース4

殴る、蹴るの夫の暴力が止まらない！

近隣住民が児童相談所に連絡をするほど、夫の虐待がエスカレート。家中の家具も壊れて悲惨な状態に

私の困った!!

結婚15年目で子どもが3人いますが、夫の性格や暴力についていけず、毎日息が詰まる生活をしています。

私が子どもの勉強を教えはじめると、子どもをバカ呼ばわりし、それでも子どもが覚えられないと子どもを叱咤《しった》し、「殴る蹴る」のすさまじい暴力が始まります。

私が子どもをかばうと私を殴り、肩を痛めたこともありました。

ならばと夫から勉強を教えてもらえるように仕向けると「お前は子どものことを考えていないのか！」と、また罵ります。**その罵声は近所から児童相談所にも連絡がいくほど、激しさを増しています。**

最近では夫の暴力は物に向かい、機嫌が悪いと物に当たっては壊します。陶器類、食器類は序の口で、掃除機、扇風機などの電化製品をはじめ、いすや机などもガタガタです。

買い換えてもすぐに壊されるので購入する気力もなくなり、**わが家は壊れた家具だらけで悲惨な状態**です。

本当に、とても苦しんでいます。この家庭に出口はあるでしょうか。

いつかどこかで（仮名）

パンプキンからのアドバイス

不幸の出口は、自分でつくるべし。夫が変わらないなら、離婚はやむなし！

敵意に満ちた家庭では、子どもの自己肯定感が失われる

正直なところ、**いまのままだと、あなたの家庭に希望はありません**。

もちろんあなたも気の毒ですが、何よりも子どもたちが負う心の傷が、とても心配です。

21世紀の私たちの社会では、親の責任は衣食住を保障することだけではありません。あなたの夫は、家族の人生のホームベースとなる家庭をつくるどころか、**まるで妻子が前世では敵であったかのように敵意に満ちています**。なんらかのショック療法をきっかけに彼が変わろうと努力するなら別ですが、**このままだと家族全員の不幸が待っているだけ**です。

「貧しいながらも楽しいわが家」といいますが、この言葉には本当に奥深い意味が込められています。**子どもが毎日安心して楽しく過ごし、健やかに育つ家庭づくりは、裕福であることとは別問題で、親の豊かな愛情や人生観で決まる**ということです。

愛情豊かな親に育てられた子どもの多くは、素直で誠実です。人を欺くことを知らず、

親を愛し尊敬し、感謝することを知る誠実な子どもに育つものです。

そのように育った子どもたちがもつ自己肯定感や価値観・誠実性などが、人生のあらゆる場面で、力となり財産となるのです。

子どもの将来をも奪う、親の暴力

世の中には家庭問題で悩んでいる人がたくさんいますが、大多数の夫婦は相手を警戒せず、信頼し、支え合って生きています。

家族は「何かができるから愛おしい」とか「できないから憎い」のではなく、**「存在するだけで大切だ」と思えるのがまず普通のありかた**です。パートナーや子どものやることなすことをけなしたり、暴力を振るったりしません。

夫婦で子どもの成長を共に喜んだり、困難なときに励まされたりした出来事などは、生涯にわたって、人生の節目や何かの拍子に繰り返し思い出す原風景の一部になるのです。

「原風景がしっかりしている人ほど困難にぶつかったときに、それに打ち勝つ力も大きい」といわれますが、あなたの子どもたちの原風景を想像すると、かわいそうでなりません。

あなたの夫がしていることは、いまのあなたたちを脅かしているだけでなく、家族の将来をも奪っているのです。

壊れたものに囲まれて暮らし、勉強の覚えが悪いといっては殴られ、それを止めに入った母親が目の前で殴られる——子どもたちから離れることのない、家族の心象を考えてみてください。彼の罪の大きさは計り知れません。

被虐待児の心の傷は、一生残る

親から虐待された子どもたちが受ける精神的な影響については、いろいろ指摘されています。

もちろん、虐待されていたにもかかわらず立派に育っている人もたくさんいますが、**「猜疑心が強くなり、人間関係がうまく築けないため孤立しがち」**「知的発達にも障害が出やすい」「不安や恐怖心にさいなまれ、居場所を求めて非行化」など、悲惨な例が多いのが特徴です。

子どもを虐待する親も動機はさまざまですが、**欲求不満がたまり、その「はけ口」と**

していちばん弱い子どもに暴力で鬱憤《うっぷん》を爆発させるケースが多いようです。

どんな理由でも許されないことですが、無抵抗な子どもへの虐待は、及ぼす影響を鑑みてもとても卑劣で残酷です。

成人後もPTSD（Post Traumatic Stress Disorder：心的外傷後ストレス障害）を抱える人や、虐待された子が親になって、暴力以外の子どもとの接し方がわからないという、世代を越えた負の連鎖に悩む相談の数の多さは、私の想像を超えるものでした。

幼児期のたった数年ですが、成長にはとても大切なこの時期に負った心の傷に一生支配され、しかも世代間で連鎖する可能性が少なくないことを考えると、**このような親から子どもを引き離すことの緊急性を、声を大にして訴えないわけにはいきません**。

子どもへの暴力を傍観するのは同罪——すぐに緊急避難を

各市町村には、子ども虐待防止に関する相談窓口があります。まずはひとりで抱え込まず、そのような窓口や頼りになる親戚や友人などの助けを借り、**子どもが父親から離れて暮らせる環境をつくってあげるべき**です。

父親から虐待され、「自殺しろ」と迫られた中学生の少年が、本当に自殺した事件がありました。少年は生前、虐待された外傷の原因を学校の先生に尋ねられても、最後まで父親をかばい、自分で負った傷だと言いつづけたそうです。

父親をかばって少しでもその愛情を得たいと思ったのか、本当のことを言ったあとの復讐が怖かったのか、父親の暴力が母親にまで向かうのを恐れたのかなど、いろいろ取りざたされました。

はっきりしていたことは、母親はその暴力に心を痛め、ときどきは息子に「大丈夫か」と声をかけていましたが、それだけだったということでした。私は、**傍観していた母親の罪も大きい**と思います。

何かが起こってからでは遅いのです。しかも大事に至らなくとも、いまの状態が十分に危険に満ちた日々だと、あなたが認識して行動するべきです。

暴力夫による虐待を、決して傍観してはなりません。

【このケースに学ぶ3つのポイント】

- ☑ 親の暴力は、子どもの将来を奪う。
- ☑ 現状の延長線上に解決策はない。何か問題が起きてから動いても遅すぎる。
- ☑ 虐待は、「お願い」では止められない。

人間関係
最高の教訓20

暴力や虐待の傍観は、同罪である。
人生の苦しみの出口は、
自分でつくるべし。

ケース5

「心の病」で暴力

精神疾患をもつ夫の暴力に耐える日々に限界

派遣社員で働きながら家計を支え、毎日の育児と夫の暴力に疲れ果てた

私の困った!!

私は40歳、夫42歳で2歳半になる息子・幸一（仮名）がいます。

幸一が1歳ちょうどのときから、フルタイムの派遣で働きながら育児や家事を行っています。夫は「心の病」で、私が息子を妊娠中の3年前に仕事を辞めました。もとから気分の浮き沈みの激しい人でしたが、病気を抱えているとはそれまでわかりませんでした。

夫はストレスがたまると暴れ出し、暴力を振るうこともあります。この3年間で2度精神病院に措置入院しました。

現在、幸一の保育園の送迎や食事の世話は夫がしています。

息子はパパのことが大好きですが、夫が私に声を荒らげると、暴れる兆候を察知するのか、自分の頭を壁に打ちつけて注意をひこうとするなどの行動をとることがあります。

私の派遣のお給料で家族3人の生活は厳しく、夫が暴れないように顔色をうかがう生活に、もうすっかり疲れ果ててました。夫と離婚したいのですが離婚のタイミングがわかりません。母子家庭になって子どもに寂しい思いをさせるであろうこと、私ひとりで育てられるかなど不安がいっぱいで、頭の整理がつき

ません。

私の両親は60代後半で、新幹線で2時間ほどの他県に住んでいるのですが、窮状を訴えても理解してもらえません。やっと入れた保育園や仕事を全部捨てて、実家に帰る気にもなれません。

「子どもが危険にさらされるかもしれないのに、何をぐずぐずしているのか」とおっしゃるかもしれませんが、**何年もの間、毎日が目の前のことに精一杯で、ここまできてしまいました。**

落ち着いて話を聞いてくれる人もいなければ、手を貸してくれる人もいません。いまはどうすればこの状況を解決できるのか、考える力が残っていません。

そんな中で幸一は、ただひとつの「希望の光」です。息子のために何が最善なのか、助言をお願いします。

広田（仮名）

パンプキン
からの
アドバイス

家庭内暴力を、ひとりで抱え込んではいけない。子どもの安全を第一に、周囲の助けを借りてまずは別居を。

心の病であろうと、家庭内暴力をひとりで抱え込んではいけない

人は困難のどん底にいるときは、他人に助けを求めることも相談することもできないものです。その時間は心の余裕もアイディアも湧かず、目の前のことを無事にやりすごすことだけで精一杯になってしまいます。

「幸一君に危険が及ぶかもしれないのに、何をぐずぐずしているのか」と厳しい意見の人もいると思います。

しかし、そのように感じた人は、かなり幸運な人生を歩んでこられた人ではないかと思います。私はこのような悩みをもつ方と長い交友をもっているので、悩みがよく理解できます。

まず必要なことは「状況の整理」です。

あなたが抱える状況で「いちばんたいへんなのは何か」という判断がつかないために、悩みがさらに膨らんでいるのです。いちばんたいへんなのは、幸一君を一人親で育てる不安でも、やっと手に入れた仕事や保育園を手放すことでもありません。

それは、**「いつ症状が出るかわからない夫のご機嫌を取り、顔色をうかがいながら恐怖の中で生活していること」**です。

あなたはいま、息つく場がない状態です。

「心の病気」が原因でなくても家庭内不和、または恐怖の中で暮らした人は、お金の苦労などとは比較できない、言葉で説明しきれない虚しさと悲しみでいっぱいになります。

なんとかその窮状を言葉にできたとしても、その部分だけが自分の全生活だと思われることがもどかしくて、周囲にも打ち明けることができなかったという人もいます。

人に相談するのがはばかられる気持ちもわかりますが、**これは決して、ひとりで抱え込んではいけない状況**です。

▼子どもを守ることが先決――優先順位を考えよう

まずあなたの夫の「心の病」ですが、彼はこの病気にかかろうとしてかかったのではありません。

しかし、**このままではあなたまでがうつ病にかかるかヒステリックになるか、心にますます余裕がなくなるかで、「あなたの光」である幸一君に及ぼす影響の大きさが心配**です。

幸一君はパパが大好きだそうですが、パパが荒れる前兆があると壁に自分の頭を打ちつけて注意をひこうとするのですね。

2歳半ですでにパパの顔色をうかがい、ママがいじめられないように自分で行動に出ているものと思われます。夫の病とは別に、あなたが夫の症状が爆発する恐怖の中で生活していることで、**すでに幸一君への情緒教育にはいい影響を与えていません**。

父子が共に暮らすメリットなどを差し引いても、そろそろあなた自身や、もっと先の観点からも考えてみる必要がありそうです。

あなたが得たいと思っている家庭の平安に比べれば、一人親で子どもを育てる不安や、幸一君から大好きなパパを引き離すことの心苦しさなどは、優先順位が低いと経験者はいうでしょう。**親子の同居は、父親が平静に戻れば、いくらでも挽回できる**のです。

私は家庭内暴力から逃れた人の、**「家庭の平安が、これほど素晴らしいことを忘れていた」、「この安らぎは何ごとにも代えがたく、経験した者でないとわからない」**という言葉が忘れられません。

ひとりで抱え込めば、状況がさらに悪化することも

では、具体的にはどうすればいいのでしょうか?

たとえば、このままだとあなたも倒れそうだからという理由で、**しばらく別居してみてはいかがでしょうか**。

彼は過去に措置入院もされたようですので、障害者手帳なども取得されているはずで、授産施設での活動や障害者のための生活訓練施設の利用などが可能です。彼のための措置はいろいろあるはずです。

あなたが**ひとりで何もかも抱え込むのが、決してベストな選択肢とはかぎらない**と心

得ましょう。

おそらく、彼も悩み苦しんでいるはずです。

これから一層病気と真摯に向き合い、回復されることを願うのみですが、いまのあなたがひとりで何もかも支えるのは無理だと思います。

私は心の病に関して助言できる立場ではありませんが、精神疾患と診断されても、薬とうまく付き合うことで、まったく普通の仕事をしている人や、重い症状が治まらない人まで多くの事例を見てきました。

最も胸の痛むケースとしては、周囲に隠して患者を自宅に監禁し、最悪の事態を迎えた例です。

精神疾患をもつ人を家族だけで世話するのは、美徳でも何でもありません。家族の努力だけでは、かえって回復を遅らせることもあるのです。

しばらく別居期間をもうけて、夫の症状が安定した場合とそうでない場合も含めて、彼と共に生きるのか限界なのか、じっくり話し合って判断するのもひとつの方法だと思います。

いま、別れて暮らす理由をきちんと子どもに伝えることで、賢い幸一君が将来、パパを強力に支える息子に成長することも十分に考えられます。

困ったときに誰かに助けを求めるのは、大切な勇気のひとつです。

やっと得た仕事と保育園ですが、実家の近くでご両親の助けを借りながら、再チャレンジするのもいいでしょう。**まずはいま、「あなた自身が成り立つ」ことが肝心で、恩返しができるくらい立ち直ればいい**のです。

この「心の病」に起因する家庭内暴力は、誰しもが望んで意図的に行動しているわけではありません。当事者が極めて苦しむ問題であるだけに、部外者の私が無責任なことを言える問題ではありません。

そんな中でひとつだけお話しできるとすれば、**病状の深刻さの判断や、同居の継続・別居、離婚、育児まで、すべてひとりで抱え込まないこと**、これが重要です。

【このケースに学ぶ3つのポイント】

☑ 夫の「心の病」が原因でも、まずは子どもを家庭内暴力から守ることが先決。

☑ 家族の努力だけでは、事態を悪化させることもある。

☑ 苦しいときに誰かに助けを求めるのも、重要な能力のひとつ。別居や離婚が双方を助けることもある。

人間関係
最高の教訓
21

パートナーの「心の病」を、無理にひとりで抱え込んではいけない。心の病が原因でも、「暴力」からは避難すべし。

第5章

いいこともあれば、悪いことも……「子ども」の悩み

両親がそろっているほうが悲惨な場合もある

――「子はかすがい」の逆コース？「自分ファースト」な親たち

昔から「子はかすがい」とよくいわれますが、子どもをもうけることでかえってけんかが増える夫婦は少なくありません。

確かに育児中は忙しく、心の余裕がもてなくなるのはよくある話です。

そして、家事や育児に協力的でない夫が原因で夫婦不和になった相談が続いているのが、昨今の特徴です。まさに、「子はかすがい」の逆コースをたどっているのです。

本章でも扱っていますが、育児関連でまずいちばん多い相談ごとは「理想の育児像や家庭像」とのギャップで思い悩むケースです。

「お受験」をめぐる家族内での考え方や価値観の違いで子どもの意思を無視して、大人同士で不毛な争いを続けるケースや、「ママ友」関連の相談も数多く受け取りました。

そして、育児をめぐる問題の中で、最も緊急の対処を要するのは、伴侶による子どもの自己肯定感を下げる暴言や暴力でしょう。

このところ「自分ファースト」な親による虐待や、目を覆うばかりの悲惨な事件があとを絶ちません。その内容も壮絶で、夫婦不和による子どもへの八つ当たりもあれば、しつけと称する度を越えた体罰など、もはや犯罪の領域のものも少なくありません。

幼児期に親から虐待され、大人になってもその傷が癒えず苦しんでいる人が想像以上に多いということを、私はこの相談室で知りました。

「子は親の鏡」というように、いちばん身近にいる親のしぐさや価値観をまねて成長します。その親が、あふれる情報に振り回されて教育方針に一貫性がなかったり、他者への思いやりのない人だと、子どもが被害者になってしまう公算が大です。引きも切らないいじめ問題も、親の生きざまと無関係だとは思えません。

このように子どもをめぐる相談はあまたありますが、じつは両親が別れることが先決である場合も多々あります。本章では、そんな子どもをめぐる悩み事への向き合いかたを、一緒に考えていきたいと思います。

ケース1

子どもに関心のない夫は真のパートナーではないのか

夫と相談しながら一緒に子育てをするのが理想だったが、夫は子どもに無関心。家庭が崩壊寸前に

私の困った!!

私たち夫婦は、結婚して20年ほどになります。子どもは一男三女の4人です。

結婚前の私の理想の夫婦像は、「子どもの家庭教育は夫婦共同で行い、いざというときは、夫が威厳をもって子どもを厳しく叱ってくれること」でした。

ところが夫は仕事にしか関心がなく、子どもと普通に接しますが、何をどのよう

にしつけるべきかについては何も気がつかない人なのです。**子どもにあまり関心がありません。**

子育てのことはいつも私からしか提案しませんので、常に私の言葉に従う形になってしまっています。

私が夫を立てて、彼から子どもを叱るように仕向けても、夫は「わからない」と言って黙っているだけです。おのずと夫の分も、私が口うるさく子どもを叱るようになりました。

本当は「こうしてあげたい」「こうしたらよくなるんじゃないか」と**夫婦で相談し、2人がひとつになって子育てするのが理想でした。**

当然のなりゆきとして、子どもの前で絶対してはいけない夫婦げんかになり、いま家族

の秩序が滅茶苦茶で、家庭は崩壊寸前です。

夫は放任主義で育ってきた、7人兄弟の末っ子でした。私はというと100年あまり続いてきた商売家の長女で、母から厳しく育てられました。子どもを育てるという感覚がまったくない夫に失望しています。私は、夫を立てて子育てをしたかったのです。

家事も育児も、私は完璧ではありません。

何もしてくれない夫をどう見たらいいか、わかりません。真のパートナーが欲しいです。

匿名

パンプキンからのアドバイス

結婚後20年も経っているなら、いまさらイクメンを期待せず、結婚生活の理想像を軌道修正しよう。

子育てを妻に丸投げする夫は珍しくない

パートナーが子どもをガツンと叱ってくれて、厳しくしつけてくれたら、あなたはいつもニコニコ笑っていられる優しいお母さんでいられたのに、残念でした。

子育ても、**2人で悩み、考えながら、知恵を出し合って育てたい**という気持ちは、十分にわかります。

この状況を推察しますと、あなたの夫は自身が放任主義で育てられたために、放任教育を望んでいるか、そのやり方しか知らないのだと思います。

そのスタイルで20年間、4人のお子さんを育ててきたのです。それはもう彼の確信にも習慣にもなっていることでしょう。

私たちの世代では、そのスタイルが主流でした。

夫が子どもに厳しすぎるという不満や、夫が働かない、または背信行為や暴力といったことよりは、ずっと救いのある悩みです。

家庭のことはあなたを信じ切って任せ、仕事に専念する夫を心から尊敬し、子どもの前でそれを示すことは難しいことではないと思います。

古いタイプの私と比較して恐縮ですが、私も大家族を切り盛りしながらそのようにして育てましたので、子どもの出来不出来は別として、**夫と相談しながら育児をするなどは回りくどくて、むしろこちらから願い下げ**でした。この悩みは「ないものねだりをしない」という解釈次第なのかもしれません。

「カカア天下」を高らかに宣言しよう

まず、あなたが**「発想の転換」**をしてみてはいかがでしょうか。

「人生も、家庭も、配偶者もさまざまである」ということを前提にしてみるのです。

夫が家計に誠実に責任をもっているのであれば、子育てを含めた家事を妻主導で行うのは、それほど珍しいケースではありません。

子育て方法は、それぞれのご家庭で自分自身が両親から受けてきた教育方針の影響が大きく出る分野です。また、結婚前に方針と役割分担の話し合いがなされてしかるべき領域です。

しかしそれらがないまま、4人の子どもを20年間育ててきたということでしたら、いまのこのタイミングで家庭崩壊につながりかねないような夫婦げんかは、考えものです。

ここは考え方を変えて、状況を善意に解釈するのが妥当であるように思います。以前「亭主元気で留守がいい」というCMのコピーがありましたが、この言葉は意外と意味が深いのです。

結婚前に抱いていた理想の夫婦像を捨てよう
——他人の成功談はおとぎ話

まずは**「理想の結婚生活」への幻想を断ち切りましょう**。

哲学者の中島義道氏は「他人の成功談はおとぎ話だと思いなさい」と言っておられます。この言葉には、まったく同感です。

「他者の成功談が自分には当てはまらない」ように、独身時代に抱いていた家庭の理想像も当てはまるとはかぎらないと考えるほうが正しいでしょう。

ならば求めて得られなかったことを嘆くより、あなたが威厳を発揮し、あなた中心の家庭内秩序をしっかりつくり直すしかないのです。家庭内の威厳は男性の専売特許ではありません。

多くの子どもたちは「いちばん優しいのはママ」「いちばん怖いのもママ」と言います。

母親とは、そのような存在なのです。

パートナーは仕事をしっかりし、経済的な責任はひとりで担っています。その基本的な義務さえ夫が果たすことなく、苦労している家庭が多いことを考えれば、一家の大黒柱が仕事熱心なのも、感謝してよいことでしょう。

現在のスタイルでもう20年になるのです。子育ても、まもなく卒業を迎える時期でもあります。

育児丸投げで、家庭円満なケースも多い

生前に数多くの素晴らしい仕事をされた筑紫哲也さんは、家族と密に過ごされたのは、がんの終末ケアの、最後の数カ月間だけだったそうです。

その貴重だった時間を振り返り「家族ともっと過ごすべきだった」と残念がられたそうですが、夫人は「仕事一筋の人だったけれど、父親の想いは子どもたちに伝わったと思う」とテレビの追悼番組などで語られていました。

筑紫さんは病気でなかったら、子どもたちに父親としての想いを伝える時間もなかっ

たほどの多忙だったのでしょう。しかし、夫人はそんな夫をとても敬愛されていたことが画面いっぱいから伝わってきました。

筑紫さんのように家庭のことを妻に任せ、円満な家庭の中で仕事を立派に成し遂げた人は枚挙にいとまがありません。

もちろんこれからは逆に、**子どものことを主夫に任せ、仕事に打ち込む女性も増えていく**ことでしょう。

子育ては永遠には続かず、期間限定のものです。あっという間に時は流れ、巣立っていきます。親離れした子どもとの付き合いのほうが長いことも視野に入れましょう。

まずはガミガミ言うのを減らし、**結婚前のあなたの理想の夫婦像を忘れて、発想の転換をされてみてはいかがでしょうか**。

【このケースに学ぶ3つのポイント】

☑ 結婚前に抱いていた理想の夫婦像を捨て、現実を肯定できる発想に転換を。

☑ 夫が経済的責任をひとりで果たしつつ、「育児は妻に丸投げで家庭円満」の事例は数多く存在する。

☑ 子育ては永遠に続かず、期間は限定されている。

人間関係
最高の教訓
22

人間関係では自分の理想像にとらわれず、発想の転換も必要。家庭内の威厳や主導権は、男性の専売特許ではない。

いじめ

ケース2

ガキ大将の息子は「悪意なきいじめっ子」？

悪気のない子どもの行為が「いじめ」になってしまった！弱者の痛みを知り、共感できる子に育てるには？

私の困った!!

私は40代で、小学3年生と小学1年生の男児2人の母親です。

長男の一彦（仮名）はよくいえば活発、悪くいえばやんちゃなガキ大将タイプ。仲間で遊ぶときにガキ大将気質が出て、ついつい仲間に命令して何かをさせることが多いらしいのです。「らしい」というのは、「いじめられた」という子どもの親御さんが担任の先生に相談し、先生を通じてはじめて私の耳に入ってきたからです。

あるとき、一彦が「○○ちゃんのとこへ遊びに行ったら、○○ちゃんのお父さんに『おまえなんか帰れ』と言われた」と言ったことがありました。**息子がとても嫌われていることを知り、とてもショックでした**。

親子でよく話し合ったところ、本人は命令している感覚ではなくて、遊びを仕切っているつもりのようだということがわかりました。そこで、一彦には**「それでも相手が嫌だと思えば、それはいじめになる」**と説明しました。

しかし、相変わらず学校へ行くときはいつもの仲間が誘いに来るので、本人がどこまで理解したか心もとなく、「誘いに来るのも息子の強制なのかしら」と、心配になってきました。

昨今の大きないじめによる事件が、とてもささいなことから始まっていることを知るたびに、**自分にはそのつもりがなくともいじめが成立することを、いまのうちに子どもに教え諭したい**のです。

幼い子どもに対して、何をどのように説明すればいいのでしょうか。

東山（仮名）

パンプキンからのアドバイス

子どもが物事を吸収しやすい時期に、社会的弱者への差別やいじめの卑劣さを伝え、人の痛みがわかる子に育てよう。

▼「意図しないいじめ」も多い

じつは、私の息子たちの子どものころと状況がとてもよく似ていて、驚いています。

わが家の場合は息子のムーギーが幼稚園時代、彼がペットにしていたヒヨコの好物の「ミミズ捕り」に、友達が付き合わされたという苦情でした。しかし、それはいつも顔を合わせるお母様たちからではなく、担任を通じて注意されたのです。正直、私は戸惑いました。

その後も子どもたちは、ザリガニ捕りなどに夢中になって遊んでいたので無邪気なものですが、当初、私は「もっと早く、直接私に言ってくれればよかったのに」と、自分が気づかなかったことを棚にあげて、相手のお母様たちに不満をもってしまいました。

そして、**のちに私はこの経験をいろいろな教訓にしました。**

息子は体格が大きく気も強いのに対し、息子の友達は、ミミズを捕るのは嫌だと直接断れる性格ではなかったことと、その母親もまた然りだったのです。

この**微妙な性格の強弱関係**が、先生まで巻き込まなくてはならなくなった原因でした。

「違い」を尊重できる子どもを育てる

子どものころのいじめや大人社会の差別は、ささいなきっかけや無知なこと、そして「過去の為政者の亡霊」によってつくられます。

何百年も前に、一部の為政者にとって都合よくつくられた制度や感情的な対立は、事例を挙げればキリがありません。

そして、これらの人々に対する無関心も差別を助長してきました。

わが家の子どもたちの先生は、とてもわかりやすい言葉で小学校低学年の子どもたちに、いじめや差別は絶対ダメだと教えていました。

「自分より弱い人の立場になって、考えられる人になりましょう」「**『皆と同じ』より『違う』ということは素晴らしいのです**。私たちが知らない違う国のことや違う環境にいる人のことをいっぱい教えてもらえるいい機会なのですよ」

『みにくいアヒルの子』の話も取り上げて、先生は「みんな同じ」より「一人ひとり違うことが素晴らしい」ことを力説していました。

「知識」として学ぶことと、「感覚」の共有が大切

いじめや差別に大きいも小さいもありません。正確な知識と、いじめられる側の**心の痛みまで共有できているか**、常に自問自答する必要がある問題です。

その後、わが家の元ガキ大将は長じるにつれ、決して弱者をいじめる側には立ちませんでした。手前みそですが、あらゆる差別や社会の不条理に対する憤りを強くもつ青年に成長していく過程は驚くばかりでした。私にとっても、「学ぶ」ということの意味を再確認させられた経験でした。

私の周囲にも優秀な人はたくさんいますが、**人格的に素晴らしい人ほど、社会的弱者**

に対する正確な背景の認識や、その認識に伴う言動にブレがありません。

逆に、社会的弱者に対して無関心な、いわゆる「優秀な人」に、何の魅力も真の優秀さも感じないのは、私だけでしょうか。

社会的弱者の心の痛みまで想像できるような家庭教育を

一彦君は、きっとエネルギッシュなお子さんではないかと想像します。小学3年生といえば、吸い取り紙にインクが染みていくように、母親の言葉をどんどん吸収していく時期です。

この時期に、いじめられっ子の心の痛みまで想像できるような家庭教育ができる機会があることは素晴らしいと思います。あとは、自分から進んで学んでいくのではないでしょうか。

想像を絶するような、とんでもないいじめ事件が絶えない昨今、**この問題の背景を学ぶのに、「時期尚早」はない**と思います。

ニュースなどで、私たちが知ることができるいじめや差別の事例も取り上げて、あなたの言葉で根気よく、**それがいかに恥ずべき行為であるかを説明してあげてください**。

また、**人によって感じ方は大きく異なり、無意識に相手を深く傷つけてしまうことがある**ことや、それに気づいたときや指摘されたときの対処法、そしていじめにあったときはひとりで悩まずに、すぐに誰かに相談することなども教えましょう。

これは**親の大切な責任であり義務である**ことを、再確認したいものです。

【このケースに学ぶ3つのポイント】

- ☑ 悪意がなくても相手にとって苦痛であれば、それはいじめになる。
- ☑ 社会的弱者への差別やいじめの卑劣さを学ぶのに、時期尚早はない。
- ☑ 他人の心の痛みを共有できる子になるよう、幼児期から教育する。

人間関係
最高の教訓
23

人の痛みを知識としてではなく、共感できる感覚として育むことが大切。

お受験

ケース3

憧れの私立小にわが子を入れるのは親のエゴか

果たせなかった自分の思いを子どもに託したいが、家族は反対。私の考えは間違っている？

私の困った!!

現在、私立キリスト教系の幼稚園に通っている5歳の息子についての相談です。

私たち夫婦は関西出身で、2年半前に東京に転勤してきました。

私は子どもが生まれたときから、子どもの小学校進学は私立と決めており、じつはその時期が近づくにつれて、悩むようになってきました。夫は子どもの小学校受験に反対ではありませんが、積極的に賛成しているわけでもありません。

ところが、私の家族がこの受験に大反対なのです。**「私立に行かせるのは中学校からで十分。小学校は公立へ行って、社会を知らなければならない」**というのです。

私自身は何の準備もしないで「お受験」し、不合格でしたが心に傷は残らず、高校・大学とキリスト教系の学校に進みました。このような経緯から、**私自身が「小学校から私立」に憧れている**のかもしれません。

子どもを私立小学校に行かせたいという私の考え方は、間違っているでしょうか？

馬場（仮名）

パンプキンからのアドバイス

進学先について子どもにきちんと説明し、幼くても子どもを意思決定に参加させよう。

「公立か、私立か」は一概には言えない

「私立がいいか公立がいいか」は、個性の違いや学校や先生との相性もありますし、一概には言えないと思います。

わが家では中学校から私立が3人、国立が1人でしたが、確かに校風やその学校がもつ教育の伝統から受ける影響は、小さくないと感じています。

しかしそれ以上に、**どのような先生方と巡り会うかのほうが、受ける影響の比重ははるかに大きい**と思われます。私立校のほうが教えるのが上手で、教育熱心な先生が集まっているとはかぎりません。

私はわが子4人の公立小学校の先生方の教育にはとても感謝し、満足しています。親の私まで学ぶ機会をたくさんいただきました。

教育は誰のもの？

拙著『一流の育て方』（ダイヤモンド社）は、一部は私の子育ての反省記でもありました。なかでも目から大きなウロコが落ちたのは、単に「偏差値が高い」というだけではなくて、真の意味で優秀な子どもたちに共通していた「親に感謝する家庭教育」の内容でした。

教育の目的は、親の叶えられなかった夢の実現でも、評判のいい学校へ行くことでもありません。**どの学校へ行くかは、親子で話し合って、子どもが納得して決定する教育が貫かれていた**ことでした。

本書で紹介した、彼・彼女たちは幼いときから、幼稚園はどの幼稚園へ行くか、習い事を始めるか、始めるなら何を習うかなども、選択権を子どもに委ねる家庭教育がなされていました。

親は子どもがそれらを選択できるよう自立心を養い、選択肢を提示したりはしますが、**あくまで決断するのは本人**です。

「どの学校へ行きなさい」ではなく、「この勉強をすれば、こんないいことがある」ことを読書や体験で学ばせ、「この職業に就きたいから、この勉強をする」と自主的に学ぶようになる、ビル建築でいえば、基礎工事に重点を置いた教育でした。

このような教育を受けた人たちは、いわゆる地頭がよく、正義感や向上心があり、誠実で、チャレンジ精神に富んでいる人が多いと感じました。

そして、自分が何に向いていて、何がしたくて、何をすることが自分にとって幸せかを知っています。自己を実現する努力がそのまま幸福の実現であり、達成感を経験し、それが社会貢献につながり、そのことが幸福だという好循環を彼らの多くに見ることができました。

また、彼らはこのような教育をしてくれた親に、成人後もとても感謝していることで共通しています。

小学校受験の目的を、親子で共有することが大切

結論ですが、**親が子に夢や希望を託し、さまざまな選択肢を示したりするのは、最終決定者が子ども自身であるかぎり、少しも悪いことではない**と思います。また、**夫婦や親戚で、家庭教育に対する意見が違ってもいい**と思います。

ただし、**「教育を受ける子どもがそっちのけ」で言い争うのは感心しません**。

さまざまな意見も、子どもの視野の広がりや選択肢のひとつとして提示できる形とし、

最終的には子どもに判断させて責任をもたせ、決まったあとは全員で応援するという体制であるべきです。

雨の日も暑い日も、子どもが貴重な人生を費やして通学するのですから、**本人が納得できるだけの理由と、それを家族で共有することが重要**です。

漠然とした憧れから始まったとしても、**受験の動機や目的を親子でしっかり共有できるよう話し合い、お子さんが納得することを第一に考えてください**。

【このケースに学ぶ3つのポイント】

☑ 「公立小か私立小か」は、本質的論点ではない。

☑ 教育は親のためにあるのではない。子どもに無断で進路を決めてはいけない。

☑ 子どもの受験や進路は、動機や目的を親子で共有できるかどうか、十分に話し合うこと。

人間関係
最高の教訓
24

人生の進路は、
たとえ幼くても、
子どもの意思決定を
尊重する。

ママ友

ケース4

ママ友がいないと子育てに苦労する？

人付き合いが苦手で、友達がいない私。子どもへの影響が心配でならない

私の困った!!

結婚5年、そろそろ子どもが欲しいと思っています。ただ、大きな不安があります。将来、立派な親になれるかどうか、とても心配なのです。というのも、私は人付き合いが苦手だからです。

友達もいないので、どうママ友と接して、お付き合いしていったらいいのかわかりません。そんな親の姿を見て、子どもはどう感じ、どう育っていくのか、いまか

ら不安でなりません。

「ママは友達いないの?」とか「ママはなんで、いつもひとりでいるの?」とか、子どもから言われるのが不安です。私のことはいいとしても、子どもがそういう親を見てどう思うのか、親同士の交流がないのに、子ども同士はどこで交流していくのか……。

人見知りで暗い、友達のいない、出来の悪い子に育たないか、いまから心配でなりません。また同様に、そんな私を見て、子どもが落ち込まないか、暗い気持ちにならないか心配です。

本当は子どもが欲しくてたまりませんが、**私のような人間のところに生まれてきて、子どもが苦労するのではないか**と考えてしまいます。

どうかこんな私にアドバイスをお願いいたします。

みー(仮名)

パンプキンからのアドバイス

子育てにママ友などいらない！子どもは親の欠点も含めて愛してくれる。

友達がいない人は案外多いもの

「私、友達はひとりもおりませんのよ」

カラリとニコニコ、ごく自然にテレビで答えていたのは、往年の宝塚スターでもあった、とても華やかな俳優の寿美花代さんです。

そのあっけらかんとした話し方に「なるほど」と思いました。

友達は「出会い」ですから、ひとりもいなくても、まったく罪でも恥でもありません。

寿美さんのさばさばした態度から、私にはそう聞こえました。

また、私の知人に70歳を超えた大企業の重役で、ある国家試験の問題を作成するような博学な方がいます。豪快にお酒をたしなまれ、飲み仲間も多く、仲間で旅行や登山をよくする人で「登山は信頼できる人と一緒でないとできない」が口癖です。

このような快活な人でも**「この年になっても、魂を通わすことができるような親友はひとりもできなかった」**というのです。

人生経験豊富で人付き合い上手、読書家で、あまたの人生の機微に通じてきたこの人が「親友なんて、そう簡単に誰にでもできるものではない」と、しみじみ語ってくれたときは少し驚きました。そして同時に、とても安心したものです。

「義理」友なら、いないほうがマシ

あなたから見れば、人は皆、友達のひとりやふたりはいるように見えるかもしれません。私が年を重ねてつくづく見えてきたことのひとつに**「世の中は案外、知人はいても友人がいない人が多い」**ということがあります。

知人と友人の境界をどこで引くかにもよりますが、数人で食事やお茶会をしている楽しそうな人たちが、よくよく見ると義理で仕方なく付き合っている、といった場合も多々あります。

あるとき、仲がよさそうに見えたママたちの会話が「主人が、次はベンツに乗り換えようというの」「主人の会社（有名企業）がね……」「あ〜ら、うちの嫁の親の会社では……」など、お互いが一方的に身内の肩書などを並べ立てた「見栄張り合戦」だったのが漏れ聞こえたときは、本当にびっくりしました。

身内の肩書や会社名で盛り上がる会話なんて、お粗末すぎるどころか、背筋が寒くなります。

一見楽しそうでも、こんな会話で食事をするくらいなら、ひとりでインスタントラーメンを食べているほうが、よほどおいしいと思いませんか？

傍らに人がいても心を通わせていないのであれば、ひとりでいるよりもずっと孤独なのではないでしょうか。

ママ友はひとりもいなかった

じつは私も、ママ友がひとりもいませんでした。

いつも忙しく、ママ友をつくるいちばんのきっかけとなる幼稚園のお迎えや小学校の保護者会は、ギリギリに行って走って帰ってくる、といった状態でした。

仲良しグループだけで親子パーティーやハイキングなどに行っていることを知ったときは「子どもだけでも誘ってくれればいいのに」と思いましたが、それを悩むほどのヒマもありませんでした。

子どもは無邪気なので、友達をつくるのに理屈はいりません。

親がその気になれば、子どもの誕生パーティーに子どもの友達を招いたり招かれたり、また、子どもだけ参加型のハイキングや体験旅行などのイベントがいくつもあったので、**ママ友がいなくても不自由はしませんでした**。

私にママ友がいなかったことは、わが家の子どもたちにも多少の影響は与えたでしょうが、**世界はママ友で動いているわけではありません**。子どもはもっと別の次元で仲良くなっていくものなのです。

親は皆、育児の新米——完璧な親はいない

「立派な親になれるか不安」だそうですが、人は皆、第1子をもうけてはじめて親になるのです。映画監督の羽仁進さんは**「子育てを通して2度目の人生を歩んだ」**と言っているくらいです。

子どもが泣けばあやしたくなり、喜ぶ顔が見たくて料理の腕を磨き、いい本があれば読んで聞かせたくなる――**愛しい子を前にすれば、誰に教えられなくとも本能的に、親の身も心も動く**のです。

完璧な子育てマニュアルがないのと同様、**完璧な親など存在しません**。100人いれば100とおりの親子関係があります。

子どもにも教えられ、子どもの模範となるよう親も学び、律する。特別優秀な親は知りませんが、おおよその親は、このようなものではないでしょうか。

「友達のいないママを見て、子どもがどう思うか」とのことですが、あなたが育児放棄や虐待をしないかぎり、子どもは無条件でママのことが大好きになるものです。親が子どもの欠点も含めて愛おしいように、これに関しては理屈抜きなのです（わが家の場合以外は知りませんが、そう思わないと、やってられません）。

自分を「あるがまま」以上によく見せようとしない

「人付き合いが苦手」ならば、**「無理に人付き合いをする必要はない」**と考えましょう。

「暗い」は、言い換えれば「物静か」。八方美人よりずっと信頼されますし、そのほうが好感をもてるという人はいくらでもいます。

少しでも顔見知りの人には、いつも笑顔であいさつを交わす、その努力だけで十分です。騒がしくないあなただからこそ、友達になりたいと思う人はたくさんいるはずです。

友達をつくるより難しい、「生涯添い遂げる」と決めた相手と出会えたあなたです。一生パートナーと巡り会うことがない人も多いこのご時世に、とても幸運なことではありませんか。そのような人が、人付き合いが苦手なんてことは決してありません。

落語家の三遊亭円楽師匠は「友達がいない」を一種の売りにしています。

あなたも、子どもができてお話ができるようになったら、「ママはお友達がいないの」と笑い飛ばしてしまいましょう。

私の経験からも、あなたに友達ができるのは、これからです。

そして**友達になりたいと思う人と出会ったら「信じること」「正直であること」「自分をあるがまま以上によく見せようとしないこと」**です。相手にもそれを求め、最低限、これが通じない人とはあなたから近づかないようにしましょう。

それでも友と呼べる人と出会えなかったら「私、友達はひとりもいないのよ」――それも上等ではありませんか。

八方美人で無理するより、「うわべだけの友達はいない」と笑い飛ばすほうが、よっぽど健全なのですから。

【このケースに学ぶ3つのポイント】

- ☑ 子は、親の欠点も含めて愛してくれる。
- ☑ 義理で付き合いをするくらいなら、ひとりのほうが楽しい。
- ☑ 自分をあるがまま以上に大きく見せようとしない。

人間関係
最高の教訓
25

うわべだけの付き合いなら、しないほうがいい。無理をせず正直に振る舞ってこそ、本当の友達に出会う機会が生まれる。

虐待

ケース5

子どもの「自己肯定感」を下げる夫のモラハラ

トップの営業マンである夫の子どもに対する罵詈雑言や高圧的な態度。止めさせる方法は？

私の困った!!

私は46歳の専業主婦で、44歳の夫と中2の長男、小4の長女の4人家族です。

夫の息子に対するモラハラで、心を痛めています。

夫は以前から、精神的な暴力を息子に繰り返しています。

具体的には息子が小さなころから「バカのくせに」「言葉がつたない」と、いつも機転が利く娘と比較して息子を蔑《さげす》み、高圧的な態度をとります。

反発すると「友達もいないくせに」などと揶《や》揄《ゆ》する言葉を連発し、それをかばう私まで叱責します。

夫は会社でもトップの営業マンですが、じつは希望する役職には就けず、友人はいないし趣味のひとつもない気の毒な人なのです。しかし、自分の母親が父親にそうであったように、息子と私には、自分に対する無条件の従順さを求めています。

自分の暴言に関しては、息子に対して「『何クソ！』と思わせたい」だとか「危機感をあおっている」のだといい、まったく悪びれていません。

ニュースで「進学校の生徒が自殺した」「親を殺害した」などの話を聞くと、他人ごとに聞こえないほど、**切羽詰まった気持ちになります**。どうか、ご意見をお聞かせください。

久美（仮名）

パンプキンからのアドバイス

モラハラ夫は変わらない。改心に期待せず、子どもを夫から引き離すべし。

▼横暴なモラハラ夫と子どもを、できるだけ引き離そう

子どもへの愛情が深く、叱咤《しった》激励のつもりでしたことが、子どもには虐待になってしまい、子どもの「自己肯定感」を貶《おとし》め、その性格や人生を歪めてしまう養育者は少なくありません。

通例であれば、彼には「冷静にあらゆる機会をとらえ、その逆効果性を理解してもら

う努力が必要です」と言いたいところですが、このタイプの人はまず、変わりません。

子どものときに親から絶対服従を強いられてきた人は、それが体に染みついていて、その行動パターンをわが子に強いるケースが多く、かなり深刻です。もちろん、離婚前に毅然と懸念を伝えることも大切ですが、やはり変化がなければ、この**度を過ぎたモラハラ夫からは、万策を講じて子どもを引き離しましょう。**

それと同時に、息子さんには**「母親は無条件で子どもを愛し、どんなときでも応援者である」ことに疑いをもたせない**ようにしましょう。

父親の虐待から**子どもを守っただけでなく、優しく素直な子に育てた母親を、私はたくさん知っています。**

子どもの自己肯定感を下げる育て方は、最悪の教育法

先にも挙げた拙書『一流の育て方』で多くのページを割いて紹介したのは、多くの子どもたちが親に感謝していることのひとつは、「強制的に勉強させられたことはなく、さまざまな体験をさせてくれ、子どもの自主性を尊重してくれた」ということでした。

学歴の高さと人生の幸福度は、必ずしもリンクしないという生き方のモデルを探すのに、苦労しない時代にもなりました。

一方、成績至上主義は崩壊しているとはいえ、**国際的には厳しい学歴社会である**こともひとつの現実です。子どもの受験勉強に過度に干渉する親を、皮肉るだけでは何も解決しません。

この現実を受け止めたうえで、前著『一流の育て方』では次のことを強調しました。

（1）高学歴でも、不幸な人はいくらでもいる
（2）自主的に自分の幸福を追求しながら社会貢献を目指す、主体性の教育が大切である
（3）本当の親の愛情や勇気とは、口先だけでなく、子どもを無条件に慈しみ、親自らが模範となって背中で見せることが重要である

精神的な暴力で威圧しても、子どもは自己肯定感をなくします。

そして向上心をもてず、他者への警戒心が強く、最悪、社会に適応しない子どもに育ててしまうのです。

あなたの夫の「教育法」は、まさに最悪の教育方法のお手本のような事例です。

この過ちに彼が気づくのがいちばんですが、**このようなタイプは人の意見を聞かず、自分を見つめ直すことができない人が多いので、残念ながら望みが薄いです**。

しかも、子どもの成長はそれを待ってくれません。

将来を悲観せず、子どもに無償の愛を

あなたは息子さんに、無償の愛をいっぱい注いでください。

将来の悲観的な予測までして、あなた自身があれこれ悩んではいけません。

息子さんを無条件で愛していることは、息子さんに100%伝わっていますか？　お弁当や夕飯のメニューに気合いを入れるなど、愛情伝達手段はたくさんあります。

破滅的な父親（母親）のもとで育ったにもかかわらず、どちらかの愛情を励みに努力を怠らず、幸福な人生を歩んでいるという人は、本当に多いものです。

いま、本当に苦しくたいへんなときだとお察ししますが、まずは**モラハラ夫から子どもを守り抜かなければなりません**。

子どもが「愛された存在」としてのアイデンティティを保てるかどうかは、あなたの

覚悟と力量にかかっています。

【このケースに学ぶ3つのポイント】

☑ 子どもの自己肯定感を下げるのは、最低最悪の親の所業。
☑ モラハラ夫の改心が見込めなければ、まずは子どもを遠ざけよう。
☑ 父親が横暴でも、母親の無償の愛で立派に育った子は多い。

人間関係
最高の教訓
26

大切な子どもに、
無償の愛情を注ごう。
「愛された存在」としての
アイデンティティをもつ人は強い。

子どものいない夫婦

ケース6

子どもが産めない女性は、欠けている？

ストレスのせいで子どもができなかったが、他人の子どもを見るたびにつらく、気持ちの整理がつかない。この先どのように過ごしたらよいか？

私の困った!!

私は44歳の既婚女性です。結婚して11年間自営業の夫を手伝い、ストレスからなのか、子どもができませんでした。

もともと性格は明るいほうなのですが、ここ2、3年、このことでかなり落ち込んだり立ち直ったりの繰り返しで、自分でも嫌になるくらいネガティブになってしまいました。

いろいろな本を読みあさり、最近ではできないことを嘆くより、できることを楽しもうと思えるようになり、楽しめる習い事も見つかりました。

でもやはり、子どもがいる人を見るとうらやましくて……。

ないものねだりは十分わかっているのですが、**このような気持ちで一生を過ごすのかと思うと本当につらい**です。

夫は「もう仕方がない」とあきらめています。

養子を迎えることも考えました。しかし、冷たいようですが、他人の子どもに愛情がわきません。

女性として欠けているようなこの気持ち、自分のしたいことを楽しむだけの罪悪感……何かボランティアなどして社会貢献をしたいとも考えています。

子どもができなかった女性は、それをどのように割り切って生きていったらいいのでしょうか?

気持ちの整理がうまくつかずにいます。もし助言していただけたらうれしく思います。

匿名

パンプキンからのアドバイス

世間が決めた女性観に縛られてはいけない。

家族の形や考え方はさまざま

まず子どもを授からなかったことで「女性として欠けている」と感じられていることに強く異議を申し上げます。

結婚して子どもをもうけた女性だけが完璧で、あとは欠けた女性なのでしょうか。

世間が決めた、いわゆる適齢期を過ぎても本当に尊敬できて愛せる人と出会うまでは結婚しないと決めた人や、家族の事情、あるいは病気などで結婚できない人、産めるのに産まない選択をした人、そしてやむを得ず離婚した人など、人はそれぞれの考え方や理由・事情で生きています。

そして**それぞれの生き方が尊重される**という社会的なコンセンサスは、数十年前と比べると、格段に浸透しました。海外では同性同士の婚姻も法律で認められるところもあ

り、国内でもパートナーシップ制度を導入または検討する自治体が増えてきました。

子どもがいない自分を欠けていると感じる考え方は、いたずらに自らを不幸に陥れ、他者を見る基準が歪み、曇りガラスを通して世の中を見ることを意味します。

このような状態で、得るものは何もありません。

幸せの形は、ひとつではない
——生きがいや生き方は、それぞれ違うもの

「足るを知る」ことなく、ないものばかりを数える人は、満足することがありません。

それは、とても窮屈な生き方に見えます。

あなたはいま、出産が望めなくなってそれまでの目標がなくなり、次の全人生をかけた目標、つまり、**趣味や楽しみ程度ではない「生きがい」が見つかるまでの手探りの状態**だと思うのです。

大切な人を失ったとき、育児が終わり子離れしたとき、定年を迎えたとき、自営業者

がなんらかの理由で生業を閉じたときなど、これまでに打ち込んできたことが突然なくなり、目標を見失った状態になるのと同じで、あなたは子どもを育てた人よりその時期が少し早く訪れたにすぎません。

そんなとき、次から次へと仕事をつくって、とても忙しい状態に自分を追い込むという人もいます。

これは精神分析的には、**現実から目をそらしたいために陥る、精神的なごまかし行為の一種**だそうです。しかし、**どんな小さなことでも、他者を手助けして感謝されることで自身を肯定し、虚無感を埋めるのは、決して悪いことではありません。**

発展途上国に単身で移り住み、全財産をはたいて恵まれない子どもたちを十数人も育てている独身女性もいます。彼女はそうすることが、自身の生きがいとなっているのです。

彼女のもとで安全に育った子どもたちが彼女を親のように慕い、感謝しているのは明らかです。自分で子どもを産んでいないから、彼女には何かが欠けている、と誰が言うでしょうか？

これは、このようにとびぬけた行動をとれる人だけでなく、ごく普通に生きる単身者、子どもをもたない夫婦についても同様です。

「今日は晴れて洗濯日和だ」とか「梅の芽がほころんだ」という日常のささやかな変化に幸せを見出せるのも大切なことです。

幸福を感じるとき、その形は、決してひとつではないのです。

生きがいを求める悩みは、進歩の源泉

あなたは、**自分の楽しみだけに生きる時期も必要**だと思います。ご自身が成り立っていないのに、他人のために役立つことは難しいからです。

まずは難しく考えないで、許されるかぎりいろいろなことに関心をもって行動に移し、「いまは感性をさらに豊かに磨く時期」と割り切ってはいかがでしょうか。

私の大の仲良しの現在80代の友人は、**「噂話をしたり他人をうらやむ時間は私にはない」**が40代からの口癖です。いまも現役のビジネスウーマンで、囲碁・英語・習字にシャンソンなど10種類以上の習い事をしています。

自分がどのように見られているかには関心がなく、いつもマイペースです。その元気

でポジティブな生き方は、いつも私たちのお手本です。このような人ですから、他人に対しても、いつもとても寛容です。

「生きがいを感じている人は、他人に対して恨みや妬みを感じにくく、寛容でありやすい。自分より幸福な人に対する、ひそかな憎しみの念が入り込む余地がない」――。

この言葉は、精神科医・神谷美恵子先生の著作集『生きがいについて』（みすず書房）からの抜粋です。私はあなたと同じ心情に陥ったとき、先生の著書をたくさん読みました。

その中で神谷先生は**「生きがいを求める悩みはとても恵まれていて、精神が健康な証拠、進歩の源泉」**なのだとおっしゃっています。この言葉を、共に胸に留めておきたいと思います。

子どもがいなくても、楽しく幸福な人生を送っているご夫婦や単身者は、世の中にたくさんいます。

他人を妬む感情が入る余地がないほどに、あなた自身が感性を高め、満たされるための生きがいを、焦らずに探してください。

人間関係

最高の教訓27

幸福の形は、社会が決めるものではない。他人に妬みを感じたりしないよう、感謝される生きがいを自分で探そう。

【このケースに学ぶ3つのポイント】

☑ 世間が決めた女性観に縛られることは、自らを不幸にする。

☑ 生きがいを感じている人は、他人に対して恨みや妬みを感じにくく、寛容でありやすい。

☑ 目標とする幸せのありかたを、ひとつに絞らない。

第6章

もう、ガマンの限界！「義父・義母、親族」の悩み

「耐える嫁」は、絶滅危惧種ではなかったのか⁉

――『おしん』と『渡る世間は鬼ばかり』の違いとは

『おしん』といえば、常に平均視聴率50％を超え「テレビドラマの金字塔」ともいわれた、１９８０年代のＮＨＫの連続テレビ小説です。原作・脚本を手がけた橋田壽賀子さんは、その後も『渡る世間は鬼ばかり』など、姑による嫁いびりシーンが印象的な作品を数多く書いています。

この2つのドラマを比較して、橋田さんは興味深いことを指摘しています。

「昔は各家庭に〝家風〟があったから、姑の立場が強くて威張ることができました。いまは嫁のほうが強くて、（中略）『あれだけ嫁をイジメられたら気分がいいだろうな』『私の言いたいことを言ってくれた』と、ドラマで溜飲をさげているのでしょう」（「女性セブン」２０１３年12月12日号より）

事実、いま私の周辺では「よい姑」を競うような風潮があります。それで私はすっかり、嫁より強い姑はもはや現代ではレアケースなのだと感じていました。

ところがいざフタを開けてみると、「現代版おしん」が数えきれないほどいることを知りました。夫や妻の親族に関する悩みは、その数の多さでは当相談室の三本の指に入ります。

そして私パンプキンは、この分野の助言を最も得意としています。それは、周囲にこの問題に苦しむ家庭がとても多かったからです。

実家関連の悩みでとくに多かったのが、嫁と姑の不仲、前近代的な義父母からの「家来」のような扱い、実家付き合いを拒む伴侶、伴侶の家族から受ける被害、そして「家柄の違い」からくる葛藤です。

かつてのドラマの世界のような義父母に染みついた権威主義や封建思想が、話し合いや訴えで改善されるでしょうか？　答えは「ノー」です。

いつも理不尽な相手に合わせ、振り回されるから、ワガママや横暴が助長されるのです。最後は「いつまでも付き合わない」という割り切りが肝心です。

ケース1

嫁と姑の確執勃発！夫はどちらにつくべきか

嫁と姑が争い、お互いに譲らない。間に立った自分がとるべき行動は？

私の困った!!

嫁姑問題で困っています。

2年前に妻の実母が亡くなりました。妻は実母とは断絶状態だったため、葬儀には私だけ出席しました。私の母親にそのことを話しましたが、とくに香典は出さなくていいと私が判断し、私の母はそれに従いました。

それが原因か妻が私の母親に連絡をとり、その後2人で会ったそうです。妻の話によると、その際に私の母親から3時間近く、ずっと「別れるなら早く別れるように」とか、「2人でやっていく気があるのか」と、叱責されつづけたそうです。

そのことを母に話したところ、母はそのようなことは言っておらず、妻のほうが「結婚当初からの約束を、夫に反故にされつづけている」と、私のことを非難しつづけたそうで、双方の言い分がまったくかみ合いません。

一度、私と3人で話そうとも言いましたが、いまだ実現していません。双方が相手をウソつきだと言い、妻に至っては姑がうそつきで信用できないから、私に親子関係を断絶する覚悟で親に意見をするべきだと言います。

どっちもどっちですが、ほどほどのところで折

り合ってほしいと思い、正直疲れています。

嫁姑問題では夫は嫁側についたほうが結果的にうまくいくと聞いたことがありますが、このような場合でもそうでしょうか？

一般的に夫は、嫁姑の間ではどのような態度をとるべきだとミセス・パンプキンはお考えですか？

嫁姑の間で悩む夫、稲田（仮名）

パンプキンからのアドバイス

「婦唱夫随」はせず、親の介入も避けつつ、嫁姑のパイプ役を果たすべし。

嫁姑がもめた場合の夫の行動3パターン

稲田様、あなたのつらい気持ちを、お察しいたします。

一般に、嫁姑がもめた場合の夫（息子）が取り得る行動は3パターンです。

①完全にどちらかの味方について一方を叱責する
②もめるに任せて「見ざる・聞かざる・言わざる」に徹する
③双方と愚痴や不満を聞ける関係を保つ

現在のあなたの場合、③に該当します。

少々お疲れのようですし、嫁姑の仲は険悪化していますが、**夫として息子としてのあなたがとってきた態度は間違っていません**。

自己中心的な妻に「婦唱夫随」してはいけない

なかには妻がとてもワガママで行儀が悪く、夫の親きょうだいと、何かもめたわけでもないのに付き合いを拒否する非常識なケースがあります。

親戚付き合いは結婚の絶対条件ではありませんが、**配偶者の大切な係累を無条件に嫌う人には、ろくな人がいません**。

最悪なことに、そんな浅薄な妻の尻に敷かれて、黙ってそれに追随する夫が少なくないのです。

そしてタチが悪いことに、こういう妻ほどウソをついてでも**自分がいちばん正しいと公言してはばからず**、相手のやることなすことを悪解釈して周囲に吹聴し、「自分自身がいちばん正しい」と勘違いする人間になっていきます。

さらに不幸なケースは、妻のそんなウソだけを聞いている夫が、妻と同じ目線になって、周囲に悪意を抱くことです。非常識な妻に「夫唱婦随《ふしょうふずい》」ならぬ「婦唱夫随」する夫は、私の周囲でもザラにいます。

「結婚したのは夫で、夫の親族とまで結婚した覚えはない」という妻と、「触らぬ神（妻）にたたりなし」のことなかれ主義的な夫に代表される夫婦は、子育てにも社会的な人間関係にも、その非常識をまき散らすことになります。

たとえば、**自分の命より大切に愛してくれた親と、愚かな妻の機嫌取りのために疎遠になる夫の薄情を想像してください**。あとは推して知るべしです。

あなたの場合、どっちもどっちだと気づいていることと、母上と夫人の双方に、あなたに不満を訴えるパイプのあることが素晴らしいと思います。

世の中には、このどちらかのパイプが詰まっているケースが本当に多いのです。双方にパイプがあることが嫁・姑双方の暴走を制御する役割も果たしています。

ただ、そこで止まってはいけません。

妻の不満を受け止めつつ、「嫌い＝即絶縁」ではないと諭す

夫人は実母と断絶したまま、永久の別れをした人です。他者には計り知れない事情があったにせよ、これは尋常ではありません。

あなたが夫人を上まわる強い意志で彼女をリードしないと、失礼ですが制御不能になる可能性があります。

まず母上には、正しい正しくないにかかわらず、**「夫婦のことにはいっさい口出し無用」**と言い渡すべきです。それで傷つく母上なら、フォローは忘れないように注意しましょう。

そして夫人にはとりあえず、まず「自分は夫人の味方であること」、どんな不満でも

母親にぶつけず「まず自分にぶつけること」、と伝えましょう。これは夫人が間違っていると思えることでも、**必ずいったんは受け止めてあげる**ことを意味します。

母親への注意は自分が責任をもち、夫婦のことは夫婦で解決していこうと、誠実に約束することです。

いまの段階での三者会談は、火に油を注ぐだけです。

ただし、夫人の味方につくだけではいけません。

その代わり、**あなたから夫人への注意や要望にも、聞く耳をもってほしいと釘をさすべき**です。ここがいちばん難しいところです。「言うは易し」で、これで夫人が従ってくれるなら問題ありませんが、だからといって何もしなければ、そこで終わります。

時間がかかっても不退転の覚悟をもつことが大切です。

「親子の縁は、切ろうとして切れるものではないこと」「『嫌い＝即絶縁』ではなく、敵をつくらない知恵や誠意ある努力が大人社会では欠かせないこと」などを、夫人が冷静なときに、あらゆる機会をとらえて話し合っていくべきです。

人間ができている人ほど融通心があり、寛容であることを確認し合ってください。

時間をかけて、さまざまな体験や学びを通して、大人の世界では**白黒はっきりさせない解決法が優れている場合も多い**ことを、夫人に知ってもらう努力をしましょう。

【このケースに学ぶ3つのポイント】

☑ 自己中心的なパートナーに追随してはいけない。
☑ 夫婦の問題には、基本的には実家の親を介入させない。
☑ 夫は嫁姑のパイプ役をしっかり果たす。

人間関係
最高の教訓
28

「嫌い」=「即絶縁」では、社会で生きていけない。白黒はっきりさせない解決法がいい場合もある。

ケース2

横暴な姑からかばってくれず、家来のように私をこき使う要介護の夫

「息子が白血病になったのは嫁のせい」と吹聴する姑。どこまで耐えればいいのかわからない

私の困った!!

横暴な姑と、姑にべったりで私を顧みない夫に苦しんでおり、離婚を考えています。

私は40代で夫が50代、そして2人の子どもは大学生と高校生です。夫は白血病になり、この半年間入院しています。私は毎日面会に通い、パートの仕事と家事をこなし、心身共にギリギリの状態です。

姑は来年80歳になりますが、身体は元気そのものです。しかし思い込みが激しい人で、義母の心ない言葉には、婚約中から泣かされてきました。

今回も「息子が白血病になったのは、嫁の料理のせいだ」と周囲に吹聴していて、私は改めて嫌悪感を募らせました。一時退院のときの1泊の温泉旅行も、私には声

もかけず、義母と夫の2人で行っています。

夫はそのような義母をいちばん大切に思っているようで、私のことをかばうどころか「気にするお前が悪い」とばかりに私を責めてきました。

もともと私たち夫婦には絶対的な力関係があり、私は夫の家来のような存在です。病気の夫を支えるのは当たり前ですが、このまま稼ぎ頭となって奴隷のように働き、かしずいていかなくてはならないのかと思うと、気が遠くなります。

私の願いは、せめて言葉や素振りだけでも、夫が姑から私をかばう姿勢を見せてほしいということです。

結婚して20年以上経ち、夫の本質を変えることは不可能だと悟っていますが、それでも「もう少し私を尊重してもらえたら、がんばれるのに」と思います。

この半年で私は国家試験にも合格し、自立して生きていける見通しを立てています。離婚も覚悟し、夫の退院前に一度私の想いを伝えるべきか迷っています。

私はどこまで耐えて、どこまでがんばればいいのか、教えてください。

阪本花（仮名）

パンプキンからのアドバイス

理不尽な「家来扱い」に慣れてしまってはならない。感謝されるどころか、奴隷扱いされるだけ。

怒るべきときに怒れない人は「一生奴隷」

あなたの義母は相当ひどい人ですが、そこまで犠牲を払い献身的なあなたを「家来」扱いする夫は、もっとひどいですね。

それでも「素振りだけでも自分への思いやりを示してくれたら」、まだまだがんばれるということですから、彼にはきっとあなたにしかわからない、いいところがあるのですね。

でも、**あなたは自分のことを「夫の家来」だと言っていますが、実態は「それ以下の奴隷状態」**なのです。

夫の一時退院のときも、温泉に誘ってほしかったのですね。

心底嫌いであれば、姑と夫の2人で温泉に行ったことに、ほっと安堵するものです。

これはあなたが、**まだまだ離婚するほど、彼を嫌っていない証拠**です。

私は、あなたの稼ぎと献身で家庭が成り立っているのに、感謝の「か」の字もない夫や信じられないおバカな姑を考えると、お仕置きもかねて即離婚をすすめたい心境です。

通常であればあなたの想いは、あなたが口にしなくても夫たちが理解していなければならず、毎日のようにあなたに感謝の言葉を言いつづけてしかるべき立場です。

「重病人だから」とか「年寄りだから」といって許されるにも限度があり、2人はその範囲を超えているどころか、利用しています。

捨てゼリフのひとつも突きつけて離婚を切り出したいところですが、まだがんばれる余地もあるようですので、いかに彼らがわかっていないかを一度は伝えるのも、武士の情けならぬ、妻の情けです。

いま自分はとても惨めであること、自分はギリギリでがんばっているのに感謝されず、奴隷の扱いしか受けていないこと、いままではなんとか耐えられたけれど、この先一緒に暮らす意味を見出せないこと、自分にも幸せを求める権利があることなどをはっきりと伝えるべきです。

あなたの本意が伝わる相手とは思えませんが、それでも訴えるべきです。

奴隷扱いに麻痺してはならない

最初に相談文を読んだときは、半分はあなたが大げさに言っているに違いないと失礼ながら感じました。ところが再度読んで、この2人ならありうると理解できたのです。

あなたの料理のせいで息子がその病気になったと吹聴して歩き、夫がそれに対して何もフォローしないなど、ありえない話です。

あまりにもバカげていて読み流してしまったほどですが、あなたまでこれを、タチの悪い雑音程度に受け止め、ひとりで嫌悪感を募らせるだけで終えたのでしょうか？

確かに度を越えていてとがめる気にもなりませんが、**この積み重ねが、あなた自身が奴隷扱いされることに麻痺し、相手の程度の悪さをさらに悪化させるという悪循環になっている**のです。

昔、ある少女が見知らぬ男に監禁され、約10年後に発見された事件がありました

（1990年の新潟少女監禁事件）。

新聞などの報道によりますと、少女はその男に外界に対する恐怖心を植え付けられ、普段は毛布にくるまって、髪の毛1本見せるなと脅迫されていたそうです。

捜査員が部屋に入ったときも少女は毛布にくるまっていて、捜査員の「帰りましょう」という言葉に対して、「ここにいてはいけませんか？」と答えたそうです。

少女は自分が親から愛され、友達と遊び、学校で勉強するという自由があることさえ忘れさせられて育ったのです。

これは極端な例ですが、あなたを含め、ありえない屈辱や苦労に耐えている多くの人に当てはまる、悲惨なエピソードです。

少女が受けた脅迫は、あなたに置き換えると、**長年の主従のような夫婦関係、そしておバカな姑とそれをかばう夫による低レベルな刷り込み**です。

夫たちにとって、**あなたの犠牲や苦労は当たり前で、そこにある空気と同じ**なのです。

しかしあなたは生身の人間で、そんな意味のない苦労をするのが当たり前の人間ではないことに、まず目覚めるべきです。

自分の安売りは謙虚でも何でもありません。不幸を買っているようなものです。

「空気ではない、生身の人間」宣言をしよう

私は折に触れ、妻に不愛想で厳しい夫でも、親に優しい人はそのうち妻にも優しくなることが多い、と語ってきました。

しかしあなたの夫の場合は、残念ですがこの「親に優しい人」の中には入っていません。

あなたの夫は当然親に抗議したり注意したり、あなたに謝罪させたりしなければならない場面でも、無条件に親に味方しています。

この場合は**「親に優しい人」ではなくて、「親への偏愛が親をつけ上がらせ、自分もその程度だから、親の非常識さが見えていない人」**と見るべきです。

まず夫には、これからは**不当な扱いに黙って従うだけの家来にはならない**ことを、高らかに宣言してください。

あとは夫の出方次第で決断しましょう。下手な妥協は禁物です。

でも、これだけは言わせてください。

あなたは十分にがんばりました。これ以上がんばる必要はありません。

【このケースに学ぶ3つのポイント】

☑ 怒るべきときに怒れない人は一生奴隷になる。現状に麻痺してはいけない。

☑ 安売りと謙虚は別である。自分を安売りすることは、不幸を買うのと同じ。

☑ がんばるだけが能ではない。低レベルで無神経な人の常識に従ってはいけない。

人間関係
最高の教訓 29

犠牲や苦労が報われない
「空気」のような存在になってはいけない。
「空気」に感謝する人はいない。

ケース3

妻の実家に行くのを嫌がる夫を改心させるには？

私の実家の新年会が中止になり、両手をあげて大喜びする無神経な夫が許せない

私の困った!!

毎年正月2日は、私の実家で姉妹夫婦も含めての新年会が恒例行事になっています。いままでは基本的に私の夫は仕事の都合で参加できないということが多かったのですが、今年は夫も参加することになっていました。

ところが急きょ、私の両親が風邪をひき、その新年会が中止になったのです。

それを聞いた夫は、子どものように両手をあげて大喜びしました。そのはしゃぎぶりに私はついキレてしまい、「もう、私もあなたの実家に泊まりには行かないからね！」と言ってしまいました。

私だって、夫の実家に泊まるのは嫌です。それでもガマンして表情には出さず、夫の誘いに従って気分よく泊まってあげているのに……と夫の私の実家への配慮のなさに失望しました。

それで私が夫に「あなたの実家へも、子どもと2人で勝手に帰省してください、私はひとりで家に残りますから」と言うと、「実家の両親に孫を会わせないわけにはいかない。1歳半の子を自分ひとりでは世話

できない」と堂々と反論し、一歩も引き下がりません。

夫が自転車で行けるほどの距離の**私の実家に来るのは、年に2回**ほどです。しかも電車で1時間半の夫の実家へは、日帰りができるのに**2カ月に一度の頻度で泊まりに行っている**のです。

夫への怒りは収まりません。夫にどのように言えば、納得と反省をさせることができるでしょうか。

ベビー蜜柑（仮名）

パンプキンからのアドバイス

彼はまだまだ社会経験不足の子ども。あなたが「人付き合い」を教えてあげなさい！

義理付き合いはまず「建前」から

夫も妻も、相手の実家よりは自分の実家のほうが、緊張や遠慮が伴わないという部分だけでも、リラックス感がずいぶん違うのは当然です。

そして、**自分を育んでくれた家や家族に対する思い入れは、ほかと比較できるものではありません**。しかし結婚して義理関係になった人とは、くつろげるかどうかだけを基準に動いてはいけないのです。

お正月のあなたのご実家でのあいさつ会の中止を、あなたの前で無邪気に喜ばれた彼は、その部分だけはまるで子どもです。**その行為が、いかにあなたに失礼か、お互いにとってもよくないことか、まったく理解していません**。

見方を変えると、彼がもう少し大人なら、心中はほっとしたとしても、あなたの前では「残念」という言動を取り、風邪をひいた義父母にお見舞いの電話を入れるものです。しかし、そのような「思いやり精神」（別の言い方をすればテクニック）は、いまの彼にはありません。

あなたの怒りはもっともです。

しかし、子どもが1歳半ということですので、彼とあなたの実家の人たちとの親戚付き合いも、始まったばかりです。しかも仕事の都合とはいえ、いままでは新年のあいさつを欠礼してきたわけなので、彼はその意義や楽しさが未経験なのです。

彼の無邪気なはしゃぎ方からは、なぜか悪意が感じられず、ただ**社会で生きていくうえでのさまざまなルールを守ることの大切さを、まだ知らないだけ**だと感じました。

義理の親子というだけで、付き合う前から身構えたり、堅苦しく考えたりする人はいます。

しかし普通はあなたのように、**気が向かないときも表情や態度には出さず、「気分よく」相手の実家とのお付き合いを始める**のです。

その積み重ねが、情の通う義理関係にしてくれるのです。

ここは、**彼より「大人」のあなたが丁寧に教えてあげればうまくいく**のではないでしょうか。

親戚付き合いにおいては、彼はまだまだこれからなのです。

年賀のあいさつから生まれる絆と学び

世の中は、親戚付き合いを煙たがる人ばかりではありません。

私ごとですが、私の結婚当時、わが家では正月の2日は私の実家側の甥や姪たち、結婚した子どもたちはその家族を伴っての大宴会を恒例行事としていました。
私は7人きょうだいの末っ子ですので、結構な人数でした。

人好きな夫は、親戚は年齢に関係なく皆、大好きでした。それが、正月になると義理とはいえ甥や姪があいさつに来るものですから、その歓迎ぶりは半端なものではありません。料理も気合いを入れるよう私に厳命し、私以上に彼・彼女たちを歓迎して、かわいがるのでした。

彼らとは年に一度くらいしか会わない夫でしたが、**その恒例行事のおかげで、彼らがうれしいときは共に喜び合い、困ったときは相談を受けたりするほどの関係が築かれた**と感じています。

それがなかったならば私の甥たちは、夫の義理の甥・姪とは名ばかり、ほとんどは顔も知らない子どもたちになっていたことでしょう。

たった年に一度の新年会ですが、それがもつ効果は絶大です。

核家族で育った子どもたちの多くは、親以外の人ともっと接する機会が欲しかったと、あるアンケートで答えていましたが、「人生は人間関係で決まる」といわれるこの社会で、このような場は多くの学びの機会ともなるのです。

もっともらしいさまざまな理由や難癖をつけて親戚を遠ざける人がいますが、**義理を知らない人に信頼できる人は少なく、大人としてほめられた生き方ではない**と、私は考えています。

夫婦の情は「ギブ&テイク」から生まれる

彼は自分の実家にはたびたび帰る人なので（それもない人も多い）、話せばわかる人だと期待できます。ただし、あなたの**「夫の実家に気分よく泊まってあげている」という感覚は、あまり感心しません**。

しかし、近所にあるあなたの実家にそれほど疎遠で通すなら、夫の実家にも1歳半の子と2人だけで帰省せよと迫ったあなたの言い分は、正しいと思います。

義理付き合いは、最初は気まずい感じですぐには親しみが湧かなくとも、それを重ねるか否かで、親しみの情や絆は0にも100にもなるのです。

「心の問題なので、嫌がる人を無理に連れていかなくても」という単純な問題でないことがわかります。

人の生活の事情やリズムは変わるものですし、長い年月の間には、招いたり招かれたりすることも難しくなったりするものです。「招かれるうちが花」なのです。

彼と、あなたの実家からお呼びがかかることの感謝と意味を、冷静に話し合われるべきです。

義理付き合いは建前から入っていくもので、親から子への愛は無償だが、夫婦の情愛はほぼ「ギブ&テイク」であることなどについてです。これは、愛情の見返りを求めているということではなく「マナー違反が重なれば、情も薄れる」ということを表しています。

親の排他的な生き方や人間関係は子どもに強く影響し、やがてそれはブーメランのように親に返ってきます。親子共々、いいことはひとつもないと心得ましょう。

【このケースに学ぶ3つのポイント】

☑ パートナーの実家との付き合いへの姿勢は、相手への敬意・愛情表現と同じ。

☑ 親族間の付き合いは、最初は義理の関係でも、その積み重ねで親しみの情が増す。

☑ 親子愛は「無償」、夫婦愛はほぼ「ギブ＆テイク」。

人間関係
最高の教訓30

パートナーだけでなく、その家族との絆を大切にすることで、より豊かな人間関係を築くことができる。

ケース4

結婚直後に豹変した妻と、その親族にたかられる毎日

親子水いらずで暮らすはずが、妻の両親と同居するはめに。そのうえ義妹の家族までが入り浸り、心が安らぐ場所がない

私の困った!!

私は43歳で、関西の大手企業に勤務しています。

5年前に5歳下の妻と、お見合い結婚をしました。私は初婚でしたが、妻は当時4歳の女の子を連れたバツイチ再婚でした。現在、妻の両親と同居していますが、じつは離婚を考えています。

結婚前、私は社宅に住んでいました。

妻は妻名義の家で両親と同居していましたが、妻の両親は私たちが結婚したら、郷里の関東へ帰ると言っていました。それで私が社宅を引き払うほうが合理的だという妻側の主張に従って、私が妻宅に入りました。

しかし、いざ結婚生活が始まると、妻の両親は郷里へ帰る素振りはなく、実際は郷里に家もありませんでした。しかも妻とその両親に収入はなく、安定した収入は私の稼ぎだけです。

そのうえ、結婚前から妻の妹家族3人が毎日のように入り浸って一緒に食事をしていましたが、結婚後もそれは変わらず、彼らの厚かましさに嫌悪感が募る一方です。

皆は夜遅くまで楽しそうに居間で過ごしていますが、私は夕食が済むとひとりで自室にこもっています。最近では朝食も、義理の両親が起きてくる前に妻におにぎりをつくってもらい、1時間早く出社して会社で食べる毎日です。家より会社が安らぐ場なのです。

さらに、結婚前は私の子どもをひとりは産むという約束でしたが、私の稼ぎでは妻の連れ子の養育だけで精一杯だと一蹴されています。同僚や後輩は複数の子どもを育てていますので、これにも納得できません。私は月に小遣い3万円をもらうだけなので、ゴルフ仲間と縁が切れてしまったことも不満です。

栃木県に住む私の両親は共に教育者で、私は厳格に育てられました。

そんな両親のもとに、私は年に二度ほど帰省しますが、妻は同窓会とかなんとか理由をつけて、ほとんど同行しません。せめて私の両親に孝行するような心遣いでもあれば少しは許せるのですが、それも皆無です。

何もかも親子で計画し、私の給料を目当てに結婚したのではないかと疑ってしまうことばかりです。

離婚したいのですが、それは私のワガママでしょうか。

マスオ（仮名）

パンプキンからのアドバイス

完全にたかられている状態だが、結論を出すのは、不満を強く、真剣に伝えてからでもよい。

働き蜂を1匹捕まえた感覚？

あなたは夫人の親族に完全にたかられており、悪くいえば詐欺に遭ったような結婚生活だといえます。

離婚に踏み切りたくなるお気持ちはわかりますが、**まずは相手の真意を確かめ、きちんと話してから行動しても遅くはありません**。

あなたの両親に対する夫人の態度で、その人間性がわかります。**常識人なら自分の親と同居して、お給料をすべて自分に渡してくれ、前夫の子どもも養ってくれている夫の両親には、一層妻として気を遣うのが礼儀というもの**です。

あなたの両親は、嫁の自分たちへの振る舞いで、あなたの結婚生活がどのようなものか想像がつき、寂しく感じていることでしょう。

夫人の両親も非常に不誠実です。**結婚前に別居すると言っていたならそれを実行するべき**ですし、事情があって遅れているなら、その理由をあなたに言うべきです。

婿であるあなたが、急におにぎりをもって早く出社するようになっているのに、それについても鈍感です。あるいは**気づいていないふりをしているだけ**かもしれません。

おそらく夫人とその両親は、**働き蜂を1匹捕まえたか、毎月銀行から生活費をもらっている感覚**ではないでしょうか。**あなたへの感謝の念が、まったく見られません。**

不満は、強く真剣に訴えないと伝わらない

夫人やその家族は、あなたから本音で不満を聞かされていなくとも、あなたの態度などからそれを察しなければならない立場にありますが、半分は知らず、半分は知らないふりを通しているのです。

いきなり離婚を突きつける前に、ここはまずあなたから、ご自身の不満をきちんと相手に伝えるべきです。

結婚後に夫人が豹変したと感じていること、当初の約束と違い夫人の両親との同居を同意なしに強いられていること、まるで捕らえられた働き蜂のような気分だということなど、心の中にある不満をしっかり伝えることが大切です。

夫人の、あなたの両親に対する心遣いのなさに関しても触れるべきです。図々しい確

信犯だと思いますが、反応を見て今後の判断材料にするべきです。

夫人もあなたが気づいていない不満点を伝えてくるかもしれませんし、不満を理解して反省してくれるかもしれません。

親が出て行かないなら、**親子3人で別居を提案する**のも、相手の真意をはかるためのひとつの方法です。

「忍耐と思いやり」は、夫婦の一方がもっているだけでは無意味

相手の真意を知る努力をする前に、いきなり離婚する人が多いですが、そのような人は再婚しても、同じように不満の解消の仕方を知らずに、すぐに離婚を繰り返してしまうことが多いものです。

相手を思いやる、感謝するなどの「情」の薄い人も同じです。夫人の前回の離婚理由は知るよしもありませんが、彼女にはその経験を活かした、**家族が幸福になるための家庭のビジョンがあり、それをあなたと共有しているようには見えません**。

結婚式を挙げれば、その日から理想的な夫婦になれるわけではありません。

一方にとっての常識が他方には常識でないことはお互い様です。これが、「結婚はゴールではなくスタートだ」といわれるゆえんです。夫婦というものは**双方の「忍耐と譲り合い精神」「努力と尊重」、そして「誠意」が肝心**となります。

忍耐や努力、思いやりは一方だけがもっても意味がありません。夫人のそれは何か、聞いてみましょう。

夫人に不満を伝えても一方通行で何も変わらず、彼女たちが依然としてあなたに寄生しつづけるだけなら、あなたの離婚の決断を引き止めるものはいっさいありません。

【このケースに学ぶ3つのポイント】

- ☑ 不満は、強く言わないと伝わらない。
- ☑ 家庭のビジョンを共有し、齟齬《そご》を感じたら丁寧に話し合う。
- ☑ 忍耐や努力、思いやりは、一方だけがもっていても意味がない。

人間関係

最高の教訓 31

人間関係は、
その関係性の「ビジョン共有」と
「忍耐と譲り合い精神」が重要。

実家同士の価値観の相違

ケース5

実家の家庭環境が最悪の彼と結婚するべきか？

ブラックな商売で失敗して自己破産した婚約者の実家は、家族全員が下品そのもの……結婚を白紙にすべきか

私の困った!!

私には結婚を申し込んでくれている彼がいます。彼自身は素敵な人で、しっかりした仕事をもっています。

ところが話が本格化し、彼の実家の人たちと交流が進むにつれて、彼の家族に感じた違和感が嫌悪感に変わりました。夜も眠れないほど悩み、彼のことも嫌いになりつつあります。そしていま、結婚話を白紙に戻そうかと悩んでいます。

その主な理由は、彼の実家が人聞きの悪い商売で失敗し、自己破産していることです。

そして家族全員がパチンコ好きでヘビースモーカー、母親は派手好みで、破産前に買った数百万円の着物などを見せびらかすような人です。

そのような環境から努力してちゃんとした仕事をしてきた彼を信じ、「彼と実家は別物だ」と切り離して考えるよう努力してきました。しかし、彼の考え方や生活態度などに、育った家庭の影響を感じる部分が見え隠れし、限界を感じることがあります。

彼の実家に貯金がないので、結婚式の援助金はないということもわかってきました。嫁に出す準備をずっとしていてくれた自分の両親のことを考えると、とても胸が苦しくなります。

これほどの環境差をガマンして結婚しても、私は幸せになれるでしょうか？

じゅにあパンプキン（仮名）

パンプキンからのアドバイス

いわゆる「家柄」よりも、価値観の一致が大切。言いにくくても正直に懸念点を話し合おう。

「家柄」より「個人のフィット」がより重要に

この場合の問題点は、いわゆる「家柄の不釣り合い」にあるのではなく、この懸念に関する率直なコミュニケーションが双方からなされていないことです。

まずご質問に答えますと、いわゆる「家柄」が異なる結婚で、幸せな事例はいくらでもあります。

一昔前までは、結婚における両家の「釣り合い」とは、家柄や地位、財産、境遇などを指しました。それぞれの実家の環境がより重視された時代の話です。**「いくら当事者の愛情が深い結婚でも、家柄や環境が違いすぎると、結局はそれが離婚の原因になりやすい」**と言われました。

ですが私は、「家柄がよい」という言葉には抵抗をもっています。

能力があって努力を怠らず性格がいい人でも、家庭環境がよくないという理由で、何かにつけて割を食っている人は、いまだにこの社会にゴマンといるからです。

また世の中には、「家柄」がよくても、品性や人格が低い人はさまざまな世襲議員などを含め、いくらでもいます。

本人の人格や努力などを抜きに、その人の家庭的背景で人物を評価することは、的外れもいいところです。

仮に千歩譲って一昔前のように、結婚後に結婚相手の家族と同居するなら「家同士のフィット」が「個人間のフィット」同様に重視されるのも一理あるかもしれません。

しかし、**家族と同居するわけでもなく、個人の価値観の一致が重視される**昨今では、「実家の釣り合い」の優先順位は、確実に下がっているのです。

環境のハンディに負ける人と乗り越える人がいる

とはいえ「朱に交われば赤くなる」「スズメ百まで踊り忘れず」という言葉もあるとおり、実家の資産や所得水準や学歴とは別に、その幼少期を共に過ごした家族の行動パターンが、本人の基本的なマナーや行動様式に影響を与えているケースが少なくないのは事実です。

あなたが品のない家族の影響を彼の中にちらっと垣間見るのは、それかもしれません。家族全員がパチンコ好きでヘビースモーカーなうえ浪費家では、その環境で無意識に身についたマナーや、知り得た世界観、学びの質・種類に悪影響が出る可能性は否めないでしょう。

しかしこれらはすべて、その後個人が置かれた教育環境や自身で選択してきた社会環境で克服できる問題です。それは学友や恩師、または職場の先輩や同僚との人間関係、そして良書を読む読書習慣などの影響で克服されていきます。

環境のハンディを克服した人には、他者の痛みに本能的に寄り添える心の持ち主が少なくありません。劣悪な環境の出身でも素晴らしい人格者は数えきれないほどいるのも周知の事実です。

「トンビがタカを生む」ことはよくありますし、幼少期の環境などの釣り合いは当てになりません。最終的にその相手がどちらのパターンに属するのか、最後は個々人の判断にかかっています。

お互いの実家の悪口を言ったり、実家付き合いを強要しないこと

家族も、生き方も、結婚に対する考え方も人さまざまです。まずは、**肩の力を抜いてください。**

結婚資金の援助に関しては、**親にお金が有り余っていても、自分たちで小さな結婚式を挙げる人は少なくありません。その場合は、援助したくてたまらない親も、子どもの意思を尊重する**ものです。

むしろ親の援助をあてにするのは、自立していない証拠ではないでしょうか。

妻は相手の家族の悪口を言わず、夫もその家族も卑屈にならず（これがトラブルのもとです）、実家同士の交流を強要しないのがいちばんです。

最初は相手の実家と合わなくても適切な関係を保ち、良好な結婚生活を送るケースは数多く存在するのです。

いまの悩みを率直に伝える

いちばんの問題は、あなたがその悩みを彼に相談していないことです。

また、家庭環境の違いであなたが不安を覚えていないか、彼から問いかけがあってもよい場面ですが、**彼からあなたを安心させる気遣いがない**のも気になります。

彼の家族と、仲良くできる自信がないことを率直に彼に話すべきです。

彼が「それでも仲良くやってくれ」と言うか「自分には大事な家族だが、慣れるまで当分は最低限の付き合いでよい」と言うのか、またはその他の返答か……妥協できる余地があるかどうかを考慮し、検討しましょう。

結婚後の実家付き合いのイメージや懸念点の共有など、事前にいろいろ確認して不安を解消しておきましょう。それには、当人同士の良好なコミュニケーションがいつもできていることが重要です。

ひとりで悩まず、直接彼に悩みをぶつけるべきです。それが、結婚まで考えている彼への礼儀なのです。

【このケースに学ぶ3つのポイント】

☑ 家庭環境が悪くても、本人次第で誠実な努力家に育つ事例はたくさんある。

☑ お互いの実家の悪口は絶対に言わず、親密に交流しなくても、適切な関係は保つことが重要。

☑ 婚約者への悩みは、オープンに相談することが大切。

人間関係
最高の教訓
32

「家柄の釣り合い」の問題ではなく、
相手に抱いている懸念を
伝えられない距離感こそが
人間関係上の本質的な問題となる。

第7章

幸せになりたい!「離婚後と再婚」の悩み

～離婚後の心構え、離婚後の子育て、
そして再婚～

離婚は「失敗」ではない

——堂々と「セカンドハピネス」を求めよう

社会が成熟してよかったと思うことのひとつに、離婚観（ひいては結婚観）が変わったことがあります。つい数十年前までは、離婚した人は一段低く見られ差別される風潮がありましたが、いまではずいぶん一般的になりました。

しかしながら、いまでも一部の地方や閉鎖的な社会では、まだまだその名残りがあるようです。

これはどんなに無責任で横暴な夫のもとでも妻を家に縛り付け、逃げ出せないようにしておいて、男が自由気ままに振る舞えた封建社会につくられた価値観のひとつです。

問題はその風潮や価値観に当人たちが縛られている場合、夫婦関係が破綻しているのに離婚に踏み切れなかったり、離婚後も苦しんだりしていることです。
「離婚は恥でも人生の失敗でもない。前向きに正直に生きる者が獲得した新たな人生の始まりだ」と当人が信念をもつことが何より重要です。

離婚後の相談で多いパターンなのが、離婚したのに完全に別れられないケース、子どもを愛し、ひとりで育てられるのかが不安なケース、シングルマザーであることにコンプレックスを感じているケース、男親ひとりで子どもへの接し方がわからず困惑するケース、寂しくてやみくもに再婚相手を求めるケース、そして子連れ再婚に関する相談です。また、結婚自体を恐れ、ひとりでいることを選ぶケースも取り上げています。

本人が望んだ離婚でも、それを肯定的に受け止められず悩む人が本当に多く、大多数は「シングル親になった子どもがかわいそう」というものです。

ですが、「おままごと」のような軽率なものは別として、たいていの離婚はさまざまな苦悩を経たうえで、人生への前向きな姿勢がなければできません。

離婚経験者は「苦しみを乗り越えて前向きに決断をしたのだ」と自らに誇りをもち、堂々と「セカンドハピネス」を追求してほしいものです。

ケース1

「子どものために」を言い訳に、離婚後も同居しつづける元夫

生活費を出さず転職を繰り返し、小学生の娘とゲーム三昧の夫。子どもへの悪影響も心配

私の困った!!

離婚した夫との同居生活と、育児方針の違いに悩んでいます。

私たちは子どもが19歳と10歳になった年に、離婚しました。しかし元夫は「家を出て行くお金がない」と主張し、さらに「下の娘が小学校を卒業するまでは環境を変えないほうがいい」という私の判断もあり、まだあと1年程度は同居する予定です。

以前の彼は、家事を進んでしてくれる人でした。

しかし私に相談せず仕事を辞めたり、なかなか転職先が決まらなかったりしました。ネズミ講や株式投資に手を出して失敗したのも、私に隠していました。思い返せばもともと**山師のような性質**があったと思います。

子どもの成長につれて出費がどんなに増えようと「自分は住宅ローンを払っているから」という理由で**生活費の支払いを拒み、一緒に家計を運営することをもちかけても「気に食わなければ離婚しろ」の一点張り**でした。

上の息子が大学受験を迎えた年に、「息子の大学進学は高卒の自分には不要に思えるから費用を出さない」と言われ、**ついに離婚を決意**しました。

私たち夫婦の育った家庭環境は、教育水準や価値観に格差があり、それらを夫と共有できなかったのは残念です。

離婚後の夫は、とくに下の娘に甘くなりました。お菓子やゲームを際限なく買い与え、部屋に2人でこもってアニメ三昧の毎日です。

「娘の点数を稼ごうとして、結局は娘をダメにしている」と注意しても「離婚をしたのだから、お前とは他人だ」と、話し合いに応じてくれません。

今後、別居すれば子どもたちは私と暮らす予定ですが、子どもにとって少しでもいい環境をつくるために、アドバイスをください。

まつこ（仮名）

パンプキンからのアドバイス

まずは別居して、あなたと子どものため、新しい生活を。別れ際の優柔不断さが、相手をつけ上がらせる。

新しい生活のためには、思い切って捨てるべきことも多い

仮に夫君《ふくん》の問題が、いま現在の金銭問題だけでなく、再起に向けた意思がないということなのであれば、まずは別居することに全力を注ぐべきです。あなたは娘のために環境を変えないほうがいいと判断していますが、私は娘さんのためにも、別居するほうが正しい判断だと思います。

小学校5年生といえば、両親の不仲など敏感に感じ取れる年頃です。さらに**娘さんは、支離滅裂で山師型の父親にスポイルされています**。

「小学校を卒業するまでは環境は変えないほうがいい」というあなたの判断は、娘さんにとっては二重に不幸です。

あなたにとって、**戸籍上は離婚したけれど、気持ちの中ではまだ彼は「夫」**なのではないでしょうか。娘の相手をしてくれている元夫を、「いないよりはマシ」と思っている節を感じます。

新しい生活を始めようとすれば、思い切ってあきらめなければならないことが必ずあります。むしろ、あきらめなければならないことのほうが多いくらいです。

一般的にいって**別れ際の優柔不断さが、男性をつけ上がらせる**ものなのです。多くの人たちは**「あれが欲しいが、これも捨てたくない」**と欲張るから、判断が遅れるのです。

「両親がそろってこそ幸せ」は幻想

あなたがいま守ろうとしている「子どものための環境」は、実際はまったくいい環境ではありません。

「両親がそろってこそ幸せな家庭」というのは幻想にすぎません。

しかも彼のような**山師としての生き方は、十中八九直らず、それどころかその生き方や価値観は、子どもたちに伝染してしまうことも多い**のです。

すでに娘さんには、父親の影響が出はじめています。

お菓子とゲーム三昧の日常を、父親に同情して喜んでいるふりをしているのであればまだしも、心底喜んでいるのなら、もう手遅れかもしれません。

自分がネズミ講などで真面目にやれないのを、夫や父親として以前に、一人前の大人として恥ずかしくないのかと問いたいほどですし、矛盾した理屈を平気で並べる父親を見て育つ子どもの将来を考えてみてください。

血のつながった親でも、同居しないほうがいい場合は、いくらでもあるのです。

向上心のない居候を養ってはならない

あなたはいま、もっと毅然とした態度をとらなければいけません。

これまでも職を転々としてきた人が、40歳を過ぎて職を得ようとすれば、相当の覚悟と努力をもって、いますぐにでも求職活動をせねばならないはずです。**いまあなたは、問題解決能力がなく、向上心のない居候を養っている**のです。

問題は、娘さんの環境を変えないことではなく、親子で振り回されていることです。

彼は娘のためにゲームをしているのではなくて、そこに自分の逃げ場所をつくっているのです。10歳の娘に対する父親の愛情表現がおやつとゲームだなんて、話になりません。

モーパッサンの小説『女の一生』には、子どもの教育に関心なく、過保護に子どもを溺愛した親が、甘やかした子どもから一生苦労させられるプロセスが、わかりやすく描かれています。

あなたが危惧しているように、彼はいま、**娘まで道連れにしようとしている**のです。

彼は、**外で自活する苦労に比べれば、あなたからの抗議を無視して居直るほうがはるかにましだと思っています**。ずっとそれで通しつづけるのは、目に見えています。そんな人は、世の中にゴマンといます。

同居継続は無理であることを、毅然とした態度と言葉で言い渡すべきです。

彼にお金がないことなどは、あなたが心配する問題ではありません。

いまの環境は、娘さんにとって決していい環境ではないということを肝に銘じておいてください。

【このケースに学ぶ3つのポイント】

☑ 別れ際の優柔不断さは、相手をつけ上がらせる。
☑ 取捨選択できない欲が、判断を遅らせる。
☑ 「両親がそろってこそ幸せ」は幻想である。

人間関係 最高の教訓 33

別れるときは中途半端ではなく、毅然とした態度で。新しい生活を始めるには、捨てなければならないものも多い。

シングルマザーの不安

ケース2

子どもを愛せないのは、夫に愛されなかったせい？

夫が突然出て行ったあと精神的に不安定になり、子どもに八つ当たりする毎日。話し合いを拒絶する夫とやり直したい

私の困った!!

夫と5年ほど前から別居しています。

当時娘は小学2年生、息子は幼稚園の年中でした。子どもがいちばんかわいい盛りで、しかも父親が必要な時期でした。

私は捨てられ、裏切られたという思いで悲しくなり、子どもにも申し訳ないと思っています。しかし、夫が出て行ってから私は精神的におかしくなり、泣いてばかりで、子どもたちに八つ当たりしてしまいます。そのせいか最近、子どもまで情緒不安定になってきたのです。

私はいまでも夫を愛していますが、夫は私との話し合いをいっさい拒否し、子どもに関するこれからのことさえ話し合おうとしません。

私たちがこんなにつらい状況なのに、自分勝手に自分だけが幸せになろうとしている夫が許せません。子どもがおかしくなったのは私のせいかもしれませんが、夫のせいでもあるのです。

夫から愛してもらえない私が、子どもを愛することなんてできません。

父親がいない分、私が父親の役目も果たそうと一生懸命努力しようとしましたが、空回りばかりです。私は弱い人間で、自信もありません。夫に愛されなかったという悲しみで、この先生きていけそうにありません。

周りに友達もおらず、いつも家族で出かけるよその家族がうらやましくて妬ましく、また子どもに八つ当たりしてしまいます。

夫とやり直したいと思っていますが、どうしたらいいのでしょうか。

ひー子（仮名）

パンプキンからのアドバイス

薄情な夫への執着を捨て、子どもに愛情を注ぐべし！

「執着」と「愛」を取り違えてはいけない

私はいま、とても怒りを感じています。

あなたの夫が出て行った理由はわかりませんが、子どもがいちばんかわいい盛りに家を出て、5年間も話し合うことさえしなかった人なのです。

そんな薄情で無責任な人のどこに惹かれているのですか？　どうしてそんな人を愛しつづけることができるのでしょうか？

あなたは、まだ夫を愛していると思っているのかもしれませんが、私から見れば、**それは「愛」ではありません。ただの「執着」です**。

「愛着」の欠乏は、子どもの問題行動につながる

親からの愛情が欠如している子どもは、将来の問題行動や心の病気につながりやすいことは、よく知られていることです。

『抱きしめてあげて――育てなおしの心育て』（渡辺久子著、太陽出版）は、母親の包むような愛着（アタッチメント）の重要性について、臨床実践の具体例29例を挙げて解説しています。

乳幼児期から思春期にかけてアタッチメントが欠落した子どもの多くは、心の発達に致命的な影響を受け、拒食症や引きこもり、自殺や暴力行為などの問題行動や精神疾患が出ることが多いのだそうです。**母親に抱きしめられるという行為は、子どもにとって自分を全面的に、ありのままに受け入れてもらえる最初の愛着体験**だといいます。

あなたの子どもたちは、あなたから抱きしめられないどころか、始終母親の泣いている姿を見せられ、何も悪いことをしていなくても、つらく当たられるのを恐れながら毎日生活しているのです。大人だってそんな状況ではおかしくなります。

しかも、あなたはそれに気づいています。あなただけを頼りに生きる子どもたちのことを考えると、**「母親として早く目を覚ましなさい」**と、叱咤《しった》激励する言葉しか思いつきません。

夫婦仲が壊れたからこそ、子どもを慈しむ——深い悲しみの中でも、人の心は成長する

母親は、子どもを産んでママになった瞬間から「私は弱いから」などの言い訳は通用しなくなります。夫婦仲が崩壊したからこそ奮起してさらに強くなり、子どもを守らなければならないのです。

「夫から愛されていないから子どもを愛せない」などと、悠長なことを言っている場合ではありません。

人の心は悲しみの中でも、悲しみと共に成長するようにもできています。これは本当です。

あなたと子どもたちの人生を棒に振るほど、彼が値打ちのある男性とは思えません。

「子どものことを話し合いたい」と言っていますが、あなたの夫はそんな資格も知恵も情も、もっていません。そんな人と、何を話し合いたいのですか？

「もう縁がなくなった」と頭を切り替えるべきです。

まずは子どもを抱きしめることから

先にご紹介した渡辺久子先生によると、幼いころの母親の愛情欠乏による子どもの心の病は、まず母親をカウンセリングし、その過ちに気づかせ、心から子どもに向き合わせることを実践していくのだそうです。

思春期の子でもおんぶしたり抱っこしたりして、**甘え直す体験を通じた治療をすることで、自分に自信を取り戻したり、人を信じる心をもつようになる**のだそうです。**最もよくないのは、心の病にかかっているのに気づかず、放っておくこと**なのだそうです。

そして、心はすぐに切り替えられなくとも、子どもに対する八つ当たりは厳禁と戒めてください。

そして何よりも、**子どもたちをこれまでの分も含めて強く抱きしめ、安心させてあげること**からスタートしてください。

人間関係
最高の教訓
34

【このケースに学ぶ3つのポイント】

☑「愛」と「執着」を混同してはいけない。子どもを愛せない口実に、パートナーの薄情さを利用してはいけない。

☑子どもの成長には母親の包むような愛着（アタッチメント）が重要である。

☑母親になった瞬間から「自分は弱いから」などの言い訳は禁物。

縁のなくなった人にしがみついてはいけない。
人は深い悲しみの中でも、悲しみと共に成長することができる。

ケース3

シングルマザーの子どもは本当に「かわいそう」なのか

離婚後、プライバシーがない田舎暮らしをすることに。周りからの風当たりがきつく、子どももいじめられ……

私の困った!!

私は32歳でバツイチ2児の母です。

いま、田舎の実家暮らしですが、狭いコミュニティなので家庭状況からすべて、個人情報は筒抜けです。地区の行事でも学校でも、すべてが同じなのでたいへんです。

上の子は小学4年生の女の子です。気が優しく、バスケットボールを始めて1年が経ちましたが、同じ時期にバスケットを始めた近所の同学年の女の子に意地悪をされ、最近チック（突発的で不規則な体の一部の速い動きや、発声などを繰り返す状態が一定期間継続する）症状が出ています。

いつもひどい意地悪をされているようで、何かをされて「嫌だ」と一度でも言う

と、何倍にも言葉の仕返しを受け、しまいには無視されるのだそうです。

そして、その子どもの母親も私にとても冷たく当たります。

私が学校地区の役員の仕事をできないから「父親がいなくて、子どもがかわいそう」などと言われているようなのです。

第三者からの忠告で、娘が親の離婚を理由にいじめられていることがわかりました。

そのときは娘をいじめている子どもの母親は謝ってくれましたが、翌週からはもっと風当たりが強くなっていました。

このような状況を変えるには、どうしたらいいのでしょうか。

みかこ（仮名）

パンプキンからのアドバイス

「シングルマザー」を引け目に感じてはいけない！ 堂々と自分の立場を貫くこと。

生活の優先順位を、堂々と明白に

離婚者をバカにする昔ながらの田舎の価値観の中、いじめる対象を探して優越感に浸りたい愚かな親と、その影響を受けた子どもに出会ってしまったようですね。この手の「いじめっこ親子」は、自分より弱い立場ないし弱い態度の相手をいじめることを生きがいにしているので、大切なのは断固、強い態度で臨むことです。

まずあなたがしなくてはならないことは、担任やクラブの監督の先生を交えて、相手の母娘と徹底的に話し合うことです。先生を交えるのは「言った、言わない」でうやむやにされないためと、今後クラスやクラブでいじめっ子を監督し、娘さんを守ってもらうためです。

そんな中、**状況を悪化させている問題の一端は、みかこ様ご自身にもある**のではないかと感じました。シングルマザーで忙しく、学校の役員の仕事などができないことを、内心引け目に感じているのではないでしょうか。

シングルであるがゆえに親が学校や地区の役員ができなくても、子どもはまったく「かわいそう」ではありません。

あなたは子どもを養うという重要な仕事をしているために、役員ができないのです。遊んでいたり、怠けていてその役割を断っているのではありません。

仕事の種類や事情によっては、働きながら役員を務める人もいます。仮に誰も都合がつかず欠員が出ても、人の生死にはかかわりがありません。

でもあなたが働かなければ、お子さんたちはたいへんなことになります。**優先順位は明白**です。

ですから、**あなたは胸を張って堂々と、ご自分の立場を貫けばいい**のです。

「いまは無理ですが、いつか役員を引き受けられる年が来たらがんばります」と、周囲に伝え、**お子さんには「いまの状況を引け目に感じることはない」ということを伝えましょう。**

私は4人の子どもを送り、延べ24年間もお世話になった小学校で、役員をしたのは最後の1年だけでした。しかし、「子どもがかわいそうだ」などとは、考えたことがありません。

無用なコンプレックスを抱いてはいけない

離婚は自慢することではありませんが、コンプレックスを抱いたり、他人に知られてはいけないことでもありません。やむなく離婚に至った境遇をポジティブに受け止め、その状況を学校や近所で引け目を感じることなく、精神的にもオープンになることを心がけましょう。

家庭の状況から個人情報まで筒抜けである近所付き合いに息苦しさを感じているようですが、これは主にあなた自身が離婚して2人の子どもを連れ、実家に戻っている状況にコンプレックスを抱いているため、余計に他人の目が気になるのではないでしょうか。

ただ、**あなたが思っているほど、他人はいつもあなたのことを見ているわけではありません。**もし詮索されたとしても、あなたの気のもちようで乗り越えられます。

母親だってスーパーウーマンではありませんから、一生懸命生活を営み育児する中では、100点満点を目指してもできないことがたくさんあります。

そこは、**家族は「一蓮托生《いちれんたくしょう》（結果はどうあろうと、最後まで行動や運命を共にすること）」**と割り切り、自らの境遇を悲劇に仕立てるべきではありません。

また、打たれ強い子どもに育てるためにも、あなたが打たれ強くならなければなりません。**母親の無用なコンプレックスは、子どもを弱くするだけ**です。**いじめっ子は親もその子どもも、自分より弱いと感じる相手にのみ付け入ってくるの**です。

▼いじめはオープンにして反撃し、いじめる隙を与えない——相手の親にも学校にも、毅然とした態度を

いじめを親子で耐えているかぎり、心の貧しい母娘は、もっと邪悪な戦法でいじめてくるでしょう。ただ**静かに耐えるのは、いじめる隙を与えているようなもの**です。

子どもにとって、自分がいじめられていることを親や周囲に伝えるのは勇気が必要で

すし、屈辱感や悔しさを感じることです。でも、不安の中でいじめられていることを隠す子どもが多いからこそ、**「母親が本気で自分のことを考えてくれている」と子どもが感じられるよう、行動で示すことが大切**です。

私の友人は小学生の息子さんから、「担任に嫌われ、いじめられている」と、ずっと訴えられていたそうです。お互いの相性もあるだろうからと、最初は聞き流していたのですが、ある日の息子の訴えでそれが事実であると直感したのだそうです。

その後、彼女は素早く行動し、校長先生の前で担任と面談する約束を取り付けました。そして息子から聞いていたことをすべて伝え、「息子が自分だけ先生にいじめられていると感じるような接し方はやめてほしい」と訴えたそうです。

校長先生の前でその担任は一言も弁明せず、翌日からピタリと息子の訴えも止まったそうです。友人はシングル親ではありませんでしたが忙しく仕事をしており、参観日も学級懇談会もほとんど出席したことがありませんでした。

すべてがこのようにうまくいくとはかぎりませんが、友人は「この子には何をしても親は黙っていると思われていた」といいます。いじめには、親が強く出る必要があるのです。

いまの自分を肯定し、オープンな気持ちで育児を

シングル親であることを決してご自分の弱みと感じたり、子どもがかわいそうという発想をしたりするべきではありません。

狭いコミュニティで、何をするのも同じメンバーとくれば、閉塞感もひとしおでしょう。お気持ちは理解できますが、いじめに悲しんだり泣き寝入りしたりしている間は、相手の思うツボです。

どの人生にも山があり谷があり、試練の時期も違うということをまず再認識してください。**「自分は特別に不幸ではない」と、心を強くもつべき**です。

リセットした人生のスタートラインに立ち、帰るべき田舎があったのは、幸運のひとつです。心ない噂で悩むほど、暇でもありません。心ある人は、そんな低レベルな噂に同調しないことにも気づいてください。周囲が皆、意地悪な人ばかりとはかぎりません。

冒頭でお伝えした先生方を交えた話し合いでも、その母親にその子ですから、劇的な改善は望めないかもしれません。訴えるだけ訴えて効果がなければ、次の一手は、その

母娘の改悛に期待するより、こちらから相手の母娘を避けることです。**娘さんの心の痛みは「待ったなし」の状況なのです。親が悩み、二の足を踏んでいる場合ではありません。**

相手の心の貧しさを娘さんに理解させるのも教育のうちで、母子で**「打たれ強い人になる」ための試練**のひとつだと心得てください。

自分の力で人生を切り開き、大切な子どもを育てるシングルマザーとして、**自信と強さをもって生きていってください。あなたを理解してくれる人とも、これからいくらでも出会える**はずです。

【このケースに学ぶ3つのポイント】

☑ 離婚で引け目やコンプレックスを感じてはいけない。親の無用なコンプレックスが、子どもを弱くする。

☑ いじめようとする相手に弱みを見せたり中途半端な反撃をしたりすれば、いじめがエスカレートする。

☑ 子どもには「母親が本気で自分のことを考えてくれている」と感じら

れるよう、断固とした行動を示すことが大切。

人間関係

最高の教訓 35

つまらない周囲の詮索に、
過剰なコンプレックスを抱くのは禁物。
いまの自分を肯定し、
ポジティブ思考で心身を鍛えよう。

シングルファザーの不安

ケース4

思春期の娘との接し方がわからない

育児に無関心な妻と離婚し、シングルファザーになったが……

私の困った!!

私は恋愛結婚をしましたが、10年後に離婚しました。元妻は専業主婦を自ら希望し、ショッピング好きで占い好き、科学的根拠より迷信を信じる人でした。

子どもの教育には無関心で、何かにつけて価値観が合わずガマンにガマンを重ねていましたが、結局彼女の希望で小学生の娘と息子を私が引き取ることで、離婚が成立しました。

このような経緯がありますので、シングルファザーになったことはむしろ私たち親子にはよかったと受け止めています。

しかし、**私はそれまであまり家庭を顧みなかったので、子どもたちとの接点が少なく、とくに娘との会話がスムーズに続きません**。

とくに娘が私を避けるでもなく、私も娘はかわいいので母親の分まで親の役目を果たしたいのですが、共通の話題が少なく、会話は途切れがちになって気まずい沈黙になります。

その気まずい沈黙を避けるためか、娘は食事が終わるとさっさと自室にこもります。私が話しかけると機嫌よく返事をしたり、少ない会話をしたりしますが、続きません。

これから先、思春期を迎える娘に、**ただ食べさせるだけの親ではなく、母親代わりにもなるような、心でつながった頼られる父親になりたい**のです。

どのような点に留意すべきですか。教えてください。

マサチューセッツ（仮名）

パンプキンからのアドバイス

「子どもへの無償の愛」が伝わっているかぎり、会話が少ないのは大きな問題ではない。子どもの日常に適切にかかわり、「親に愛されている」という安心感を与えよう。

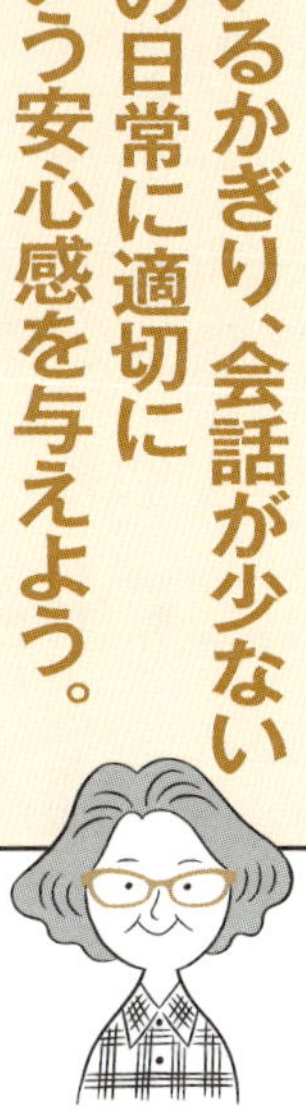

クレイマー氏に学ぶ父子の情の育て方
——一緒に住むだけでは情は育たない

『クレイマー、クレイマー』といえば、約40年前に公開されたダスティン・ホフマン主演の映画の題名ですが、映画を見ていない人にも通用する「シングルファザーが育児をする」という意味の代名詞ともなりました。

両親の離婚時にママを恋しがって泣いた5歳児は、18カ月後にはパパと離れたくないと言って泣きます。卵の割り方も知らない仕事人間だったエリートビジネスマンが、最後は会社をクビになるほど育児に深くかかわることで、父子の愛情を深めていく過程が見事に描かれた映画でした。

100年後にも残る名作といわれていますので、若い人でもご存じの方は多いと思いますが、古い映画ですので少しおさらいをしたいと思います。

クレイマー氏は帰宅が毎晩深夜という仕事人間で、順調にキャリアを積み重ねています。家庭を顧みず、家庭生活に何の不自由も与えていないのに何が不満なのかと、妻の不満に耳を傾ける気もありません。

ついには妻に出て行かれ、父子家庭になった彼が最初にしたのは、息子のリクエストによるフレンチトーストづくり。卵の割り方も知らない彼は、フレンチトーストを真っ黒焦げにしてしまい、パニックになる始末です。

仕事人間の父親と、ママがいなくなって寂しい息子との生活は、最初はなかなかかみ合いません。しかし次第に彼は息子の日常のすべてにかかわることで、父親として息子と共に成長していきます。

親子の愛情が深まり、卵を割るのは息子の役で、協業で完璧なフレンチトーストがつくれるようになった父と子の生活が18カ月経ったころ、クレイマー夫人との間で親権訴訟が始まります。すでに夫人は経済的自立に成功しており、息子のために転職をしたクレイマー氏は収入面でも断然に不利でした（あとは映画を見てください）。

あれから約40年。そしてアメリカと日本という背景も違いますが、この「常識」は決して古びておらず、しかも「親子の愛情を育むうえで欠かせないこと」「親として成長するために必要なこと」に関しても、これ以上の方法を私は知りません（仕事に支障をきたすほど育児に専念せよ、ということではありません）。

親が子どもに与える最高のものは「無償の愛」

前置きが長くなりましたが、シングルファザーであれシングルマザーであれ、そしてダブル親であれ、親が子どもに与えられる最も大切なもの、それは「無償の愛」です。

子どもが親に愛されているという安心感をもっているか、または子どもにとって家庭は安全基地であるか――それさえクリアできれば、**父子家庭が始まったばかりでまだ会話がぎこちなくても、それは大した問題ではありません**。

私の周囲にも「クレイマー氏」はたくさんいます。大工、タクシー運転手、事業主など職種はさまざまですが、皆さん一人親として子どもと向き合ってきた人たちです。

そして共通しているのは、**離婚後にはじめて料理をするようになった人も含めて、基本的には父親の手料理で子どもを育てている**ことです。

決して「育児は手料理が必須」だと申し上げているのではありません。子どもが「親から愛されている」と感じる日常の営みのひとつとして手料理の役割は大きい、ということが言いたいのです。

食卓を囲む親子の会話の効果や、子どもの情緒教育については、いまさら申し上げるつもりはありません。

ただ先にあげた私の友人の「クレイマー氏」の子どもたちは、いずれもとても父親思いの子に育っています。**言葉以外でいつも親の愛を感じて育った子どもたちに見られる、素直さや自信にあふれている**のです。

もちろん、「クレイマー氏」たちへの課題も感じています。

ある人は別れた妻の悪口を子どもに言いつづけています。これはさらに子どもを不幸にすることにつながります。

ある人は「こんな場合、母親ならどうする?」と、子どものセンシティブな問題に関して親しい女性の友人にどんどん相談して、**「お父さんに言いにくいことがあれば、このおばさんたちに相談しなさい」と、何人かの信頼できる人の名を伝えておく**など、とてもオープンな子育てをしています。これも、賛否両論があるでしょう。

何がベストかはそれぞれの個性にもよりますが、**要は「最初から完璧な親はいない」と腹をくくること**です。シングル親であれダブル親であれ、失敗や反省を重ねながら親として成長していくのは同じです。

子どもを無償の愛で守り、それが子どもに伝わっていること――この軸さえブレなければ、あとは子どもの思春期も親子げんかもなんなく乗り切れるでしょう。

無理に会話するより、「日々の行動」で伝える

子育ては頭でするのではなく、心でするものです。

共通の話題を探すよりは、共通の関心ごとや体験を積み重ねる努力をするほうが大切です。仕事や趣味で輝いている親を尊敬し、親のようになりたいと努力する子どもたちは多いです。

たとえば、読書が好きなら書店へ子どもを連れて行き、あなたが感動した本をすすめたり、子どもと同じものを読んだりするなど、会話が少なくても心を通わせることはできます。

子どもが喜びそうなことは、無理のない範囲で惜しみなくしてあげることです。

一人親になることで「母親（または父親）がいなかったからダメになった」と後ろ指を指されないよう、やたらと子どもに厳しくなる親もいるようですが、これは要注意です。引きこもりなど、心の病の多くはこのときに発症することが多く、それらと思春期特有の反抗とを見分けるのも、親密な親子関係がなければできません。

徐々に娘さんの関心ごとへの理解が深まり、親子共通の体験を増やしていくことで、いま以上に会話は増えていくはずです。無理に会話を弾ませる必要はありません。

それよりあなたにとって**子どもたちがいかに大切な存在であるかを、日々の暮らしの中の行動で理解させ、伝えていくことが大切**なのです。

【このケースに学ぶ3つのポイント】

☑ 日常的に子どもに無償の愛情を伝えることが最も大切。

☑ 離婚後、子どもの前で元パートナーの悪口を言ってはいけない。

☑ 共通の話題を無理に探すよりは、共通の関心ごとや体験を積み重ねる努力をするほうが重要。

人間関係
最高の教訓
36

相手に「愛されている」という
安心感を与えることが、
最高の人間関係の基本。

再婚

ケース5

将来ひとりになるのが怖く、再婚したい

40歳シングルマザー、恋人は元ヤクザの組長。私を実家から遠ざける横暴な彼と別れられない

私の困った!!

私は21歳の娘と、19歳の息子をもつシングルマザー（40歳）です。

元夫とは大学生だった19歳のときに出会い、妊娠して大学を中退、夫の店を手伝いながら始まった結婚生活でした。

はじめから子どももありきのスタートだったので、生活にまったく余裕がありませんでした。夫婦仲も数年で冷め、3年前に夫の店が倒産したのをきっかけに、子どもも2人を引き取りシングルマザーになりました。

38歳にして、子どもたちに学校を卒業させたい一心で、ホステスとして働きはじめました。いま、その店で出会った同じく子持ちでバツイチの店長と付き合っています。

彼は元ヤクザの組長で、背中に大きな入れ墨があります。私とは育った環境がまったく違うから惹かれるのか、彼と離れられません。彼が中3の娘と暮らす家に、週末ごとに泊まりに行っています。

彼はかなりの亭主関白で、たまに自分が奴隷のように感じることもありますが、あからさまな暴力はありません。しかし、一度怒ると収まりがつきません。

普段は幸せですが、私が年に数回実家の親のところへ帰るたびにいい顔はせず、別れ話になるほど怒ったりします。

2人の子どもたちは私が幸せならばと、付き合うことは了解していますが、父親は実親ひとりだけだと言っています。

彼にも子どもがいますし、私の子どものためにも別れたほうがいいと頭ではわかっているのですが、年がいもなく、なかなか決心がつきません。子どもたちが家庭をもち、自分がひとりきりになるのがとても怖く、悩んでいます。

金魚（仮名）

パンプキンからのアドバイス

パートナーを実親から遠ざけようとする相手を信用してはいけない。

彼があなたの実家帰りを嫌う理由

私は、あなたの再婚には大反対です。

その理由は、そもそもひとりになるのが嫌というだけで、暴力的な人と一緒になるのも反対ですが、それに加え、**結婚もしていない彼が、あなたとあなたの両親の仲を引き裂こうとしているから**です。そういった人には問題のある人が多く、人生のパートナーにするには多方面でほころびが出るものです。

あなたは、なぜ彼があなたの実家帰りを嫌っていると思いますか？

別れ話に発展するほどの怒りですから、間違いなく「異常」ととらえるのが普通です。**彼は、あなたが冷静なあなたの家族にさとされ、彼から離れていくことを恐れているのです。**

家族が助言するかどうか以前に、その健全な環境にひたるだけであなたの目が覚めないか、それが不安なのです。よほど自分に自信がないか、重大な隠しごとがある人によくある話です。

実家と切り離そうとする理由は、カルト教団と同じ

これは極端でも何でもなく、私の周囲にも似たようなケースが少なくありません。

10年以上、夫やその家族のワガママや意地悪に、ひとりで耐えていた友人がいました。

彼女は実家の親の見舞いも許されず、帰ろうとしても用事をいいつけられて妨害され

ました。それでも見舞いを強行すると、その後ひどい嫌がらせを受け、修羅場になることもしばしばでした。

彼女は、姑たちが自分の実家の悪口を言うことに耐えられず、実家の存在を消すようにして暮らしていました。**「子どもを一人親にさせたくない」一心で、すべてに耐え、夫や姑たちに尽くした**そうです。

ところがあるとき彼女の母親が、田舎から出てきました。母親は娘の無表情や婿の態度からすべてを悟り、「自分が娘と孫を引き取る」と、その場で宣言しました。

彼女はその母親のひと声で、**夫や姑たちのマインドコントロールに引っかかっていた自分と、とんでもない人たちに人生を奪われてきたことに気づいた**そうです。

その後は形勢が逆転し、**夫と姑からは「態度を改めるから、子どものためにも離婚は思いとどまってほしい」と懇願されました**。友人は**「あなたたちが態度を改めたとしても、私には関係ありません」**と言ったそうです。完全にふっきれた人の言葉ですね。

10年以上の忍耐生活も、目覚めは一瞬です。

自信のない人はこのことをよく心得ていて警戒するのです。

カルト集団が、本人とその家族を断絶させるのも、同じ理由です。

「シングル＝孤独」ではない

別の女性は、パートナーがいないと老後が心配だといって、男性にベンツとマンションを買い与えてお金で釣り、本妻に多額のお金を渡して離婚させて、自分がその男性と再婚しました。しかしいまでは、自分の子どもや孫を捨ててまで再婚したその男性に苦労させられ、「土下座しても出て行ってくれない」と嘆いています。

無理を重ねた仲は、すぐにほころぶものです。彼女はいま、そのとき捨てたわが子と孫に癒やされていると聞きました。

ご相談者様、いまの**彼があなたの老後の孤独を癒やしてくれる人とは、私には到底思えません**。

彼があなたの実家を、トラブルがあったわけでもないのに嫌ったり恐れたりする理由を、よく考えてみてください。

あなたは堂々と、実家に出入りするべきです。

あなたはこれまで、本当によくがんばってきました。そして子どもたちも、優しくていい子に育ちました。**「離れて暮らすときが来るのが怖い」と思わせてくれる子どもに育ったということは、あなたの最大の功績**です。

この年代の子どもになると、早く独立してほしいと願う親も少なくありません。**子どもたちが、就職や結婚で離れて住むことになろうとも、母子の心まで離れるわけではありません。喜びや幸福を別の形でもたらしてくれる、ずっとあなたの宝でありつづけることに変わりはない**のです。

男女の深い仲だけが、人を孤独から救ってくれるものではありません。**子どもが巣立ち、ひとり暮らしになることは必ずしも孤独でない**と、心を強く豊かにもってください。

【このケースに学ぶ3つのポイント】

☑ 恋愛熱に浮かされず、交際相手の異常言動を疑うべし。

☑ パートナーとその実家との関係を遠ざける相手は信用できない。

☑ ひとり暮らしは必ずしも孤独ではない。

人間関係
最高の教訓
37

孤独から逃れるために、不適切な伴侶を求めてはならない。

ケース6

容姿が残念な私は、再婚もあきらめるべきか

熱心な婚活も意味なし？　容姿に自信がなく教養もないシングルマザーの私は、幸せな再婚ができるのか？

私の困った!!

私は、小学4年生の双子の娘2人を抱え、特別養護老人ホームで看護師をしているバツイチで38歳のシングルマザーです。

仕事は多忙で、夜中にいつ呼び出されても出勤できる状態でなければならない待機体制で、睡眠も十分にとれない生活をしています。

娘2人は実父からの暴力を受けて育ったので、不憫《ふびん》でなりません。私は離婚後、彼女たちに優しい父親を見つけてあげたくて、熱心に婚活に励みました。ところが、休日が不規則で、バツイチで、容姿も残念な私は、もてあそばれることはあっても、再婚を前提にお付き合いしてくださる男性とは出会えませんでした。

やはり**人並みにやせていて容姿もかわいく、知識と教養を身につけないと、再婚は無理でしょうか？**
もう再婚はあきらめたほうがよいのでしょうか？

みわ（仮名）

パンプキンからのアドバイス

「子どものための再婚」は、相手に対しても失礼。まずはきちんとした結婚観をもとう。

再婚の前に重要な結婚観

あなたは、**再婚することをいったん脳裏から消したほうがいい**かもしれません。

その理由は、あなたの言葉を借りると「残念な容姿」だからでも「知識や教養がない」からでもありません。

仮にもしあなたが本当に「残念な容姿」だったとしても、それは結婚の最優先条件ではありません。なぜなら、美人だけが結婚しているわけではありませんし、**容姿と知識と教養の高さが、幸福と比例しているわけでもない**からです。

つまり、あなたが自分で思っている**「『残念な容姿』が再婚の妨げになっている」という結婚観をもっている間は、再婚後の生活もおぼつかない**のです。

「子どものための再婚」はするべきではない

それ以外にも私が、この時点での再婚願望を再考するようにすすめたい理由は、3つあります。

ひとつめは、**娘さんたちにとって新しい、優しいパパの出現は簡単ではない**からです。**あなた以上に、子どもたちのことを大切に愛する人はこの世にはいない**ことを、まず肝に銘じてください。

世の中には、実父母による虐待に加えて、継父母による悲惨な虐待があとを絶ちません。継父母による虐待は、実親が防ごうと思えば防げたのかもしれないと思うと、被害児童たちがかわいそうでなりません。

ともかく昨今、**血も涙もない短気で幼稚な大人が多くなった**ことは、頭の片隅にでもおいておくべきです。

2つめは、**再婚の動機は絶対に、「あなた自身が人生のパートナーを得たいから」でなければならない**と思うからです。

いきなり「子どもたちのパパを探しています」というのは、あなたの結婚観を疑われますし、相手に対する誠意が欠けています。

もっとも、子どもが大好きで、娘さんたちとの相性もよく、その結果あなたへの愛情も深まるという男性も、広い世の中ですからどこかにいるかもしれません。しかしそんな相手は、数をこなせば簡単に見つかるというものではありません。

3つめは、当面は**婚活よりも、娘さんたちに集中してほしい**からです。新しいお父さんを探してあげるより、あなたひとりで命を張って子どもを守り育てる覚悟のほうが大切なことです。

あなたは実父の虐待から、彼女たちを守りました。母親として、とても勇気ある行為です。あなたならひとりでも子どもを守り抜くことができるはずです。

自分以上に、わが子のことを真剣に考えられる人はいない

あなたは38歳とまだ若いので、「新しいパートナーと共に人生を歩みたい」という願

望があっても自然なことです。

ですが、当面の間はあなたの愛情は子どもたちだけに注ぎ、**家族3人で助け合い、穏やかで心豊かな生活をすること**に考えを切り替えてはいかがでしょうか。

そのほうが、彼女たちが優しいパパと出会うよりもはるかに高い確率で、3人が幸せになれるイメージが描けると感じるのは私だけでしょうか。

これから娘さんたちにもいろいろ問題が起きるでしょうが、**あなた以上に彼女たちのことを真剣に考えられる人はいない、と心得てください**。実父に縁がなかった子どもたちを、その分まであなたが命を張って守ってあげてください。

人によって価値観は違うとはいえ、**いったん子どもをもった以上は、あらゆるリスクから子どもを守り、子どものことを最優先に生きていく責任がある**と、私は確信しています。そしてその先には、**ひとりで育てた母親ならではの、たくさんの喜びが用意されている**のです。

「信ずる道を歩む者に、信ずる人との出会いがある」

これは私が若いころに出会った言葉ですが、その後、この言葉どおりの何組もの素敵なカップルに出会いました。

「出会うべくして出会った」とでもいうべき、魂で結ばれている人たちです。

あなたは看護師という立派な国家資格をもち、夜勤もこなし、2人のお子さんを守り育てています。

人は一定の年齢をすぎると、生きざまが容貌に出るのだそうですが、仕事に育児に責任をもち、誠実に生きているあなたのことです。きっと内面的な強さと美しさが表情に出ていると思います。

「これが私の顔」と、**自信をもって堂々としたほうが容姿にも輝きが増す**ものです。**自分への過小評価は、現実を見誤らせる**だけです。

そしてあなた自身が、**よき社会人、よき母親として誠実な道を歩む中で巡り会った人こそが、運命の人**なのです。巡り会わなくても、それはそれで自分の運命だと思いましょう。

まずは子どもたちの成長を楽しみに、**家族3人の生活を充実させましょう**。何が起きるかわからないのが人生です。あきらめたころによきパートナーが突然現れた、というケースもたまにある話です。

そのときは、娘さんたちからも祝福されるでしょう。

【このケースに学ぶ3つのポイント】

- ☑「子どものために再婚したい」というのは、相手に失礼。
- ☑ 自分以上にわが子を愛し、真剣に考えてくれる再婚相手などまずいない。
- ☑ ひとりでも命を張って子を守り育てる覚悟が、継父探しよりも重要。

人間関係
最高の教訓
38

自分を過小評価してはいけない。
信じる道を誠実に歩む中で
出会った人が、運命の人になる。

ケース7

「ダブル子連れ再婚」で幸福な家庭を築く方法

シングルマザーの家庭で満足しているところに、気になるシングルファザーの彼が。再婚することによるお互いの子どもへの影響は？

私の困った!!

私は東京都在住で**5歳の男の子と2人暮らしの、38歳のシングルマザーです**。元夫とは4年前に別居して、その後離婚しています。

夫ともめていた時期は、息子がワガママを言わなくなり心配な時期がありましたが、いまではすっかりわんぱくになり、**私も息子と2人の生活にとても満足しています**。

そんな私が2年半前から、**千葉在住のシングルファザーと親しくなりました**。ちょっと遠距離ですが、息子もとてもなついていて、私も彼が大好きです。

彼は息子をひとりで育て、中学受験させて、今年無事高校にも進学しました。

PTAの役員として学校行事にも積極的に参加していたようで、**お互い忙しい中で無理のないペースで関係を温めてきました。**

彼の息子が多感な時期というのもあり、私たちのことは話していませんが、なんとなく気づいているようです。そして、それをよくは思っていないようです。

先日、そんな彼に**「息子が大学生になったら結婚したい」**と言われました。私もいつかは一緒になりたいと漠然と考えていましたが、彼の息子が大学生というと、私の息子はまだ小学3年生くらいです。**この時期の再婚が、現実的に子どもにとってどう影響するのかが心配**です。

再婚は、継父母の虐待や子どもが非行に走

るなど、あまりいい話を聞きません。**子どもにとってのリスクをわざわざ背負ってまで幸せをつかもうとするのは、私のワガママでしょうか。**

由美（仮名）

パンプキンからのアドバイス

まずは同居し、お互いにフィットするかどうかを見極めてから判断しよう。

子連れ再婚で欠かせない条件は、子どもの幸福

子連れ再婚を考えるうえで大切なことは、**相手の人柄や結婚観・人生観が誠実で、あとはお互いの価値観を尊重できるか**など、やはり最初の結婚と同様です。

しかし同時に、**その結婚で子どもが不幸にならないか**を考えることも、最重要課題のひとつです。とくにすでに幸せなシングルマザー家庭を築かれているということなので、このポイントがなおさら重要になります。

彼が再婚を考えている時期までは、まだ2年半あります。その間も2人の心が変わらなかったら、**いきなり結婚ではなくて、まずは同居してみる**ことをおすすめします。

5歳児で遠いところから来るママの友達は大好きでも、8歳になってその人が一緒に暮らすパパになると、対応が違ってくるかもしれません。そのときに、あなたの息子さんの同意が得られるのを目標に、お付き合いが続けばいいと思います。

子連れ再婚だから失敗するとか、成功するとかいう問題ではありません。

もちろんリスクはありますし、最悪の場合、虐待などの家庭内暴力で苦しむ可能性もあります。一方で、相手次第では連れ子とうまくとけ込み、本当の親子のようになる家族もあります。

当たり前ではありますが、**最終的にはお互いの性格と相性と覚悟にかかっています**。

相手の「父親としての愛情や責任感」を見定めよう

相談文から察するかぎり、彼について、私はかなり好感をもちました。

母子家庭に比べ、父子家庭は、何かと子どもを取り巻く情報不足による不便を指摘されます。

ところが彼は、ＰＴＡの役員をしたり学校行事に積極的に参加したりするなど、そんな不便はどこ吹く風です。彼の息子さんへの愛情の深さを知ると同時に、彼はとても心の温かい人ではないかと感じたのです。

そして、**あなたとの交際をあまり喜んでいない思春期の息子さんが大学へ入学するまでは、彼は息子優先の生活を決めている**のです。父親としての愛情や責任感が十分で（これが当然なのですが）、かつ反抗期や思春期の男の子の父親としての経験者でもあります。

何が何でもそれぞれの子どもに母親や父親が必要だという口実で急ぐこともしない彼に、思慮深さを感じました。

交際が続くだけでも、祝福したい気持ちになります。

再婚しても最も大切な存在であることを、子どもに伝える

子連れ再婚の場合「ママを新しいパパにとられた」と子どもが感じるようになることが心配なものです。幸いいまのところうまくいっているうえに、これからもまだ時間があります。

3人で過ごす時間をできるだけ多くもち、**あなたにとって息子さんがいかに大切な存在であるか、毎日しっかり伝えましょう**。

「なくて七癖」です。暮らしてみないとわからないこともあります。

「夫婦としてはいい人だけど、子どもをかわいがってくれなかった」という理由で、再婚を解消した人はいくらでもいます。

最悪なのは、子どもが再婚相手に虐待されているのに、離婚されるのが怖くて助けてやれない母親になることです。

超美人な私の知人は離婚歴3回ですが、その娘は**「ママは3人もパパを替えてつらかったけど、最後はいつも自分を選んでくれた」**と自分の母親を理解し、とても大切にしています。

私は**無理に再婚相手を探すのには同意できません**が、彼のような人に出会って**あなたの幸福感が増すのは、子どもにとってもいいことだ**と思います。

人間関係
最高の教訓
39

新しい家族が増えても、「自分は変わらずいちばん大切にされている」という安心感を与えること。

【このケースに学ぶ3つのポイント】

☑ 子連れ再婚は、「子どもの幸せ」を十分考えることが重要。
☑ 自分より再婚相手が大切、と子どもに思わせる再婚は失敗する。
☑ まずは同居して、家族との相性を見るのもひとつの方法。

番外編

とあるビジネスパーソンのケース

結婚しても、ろくなことがない!?
――結婚しない人は負け組か

幸せな結婚生活を送れる自信がないが、一生独身の人は「人生の負け組」なのか?

私の困った!!

私はこれまで、何人もの女性と付き合ってきました。

最初はものすごく愛されますが、いつも2~3年後には決まって愛想をつかされて、突然、振られるというパターンを繰り返してきました。

それも結婚直前になって一方的に別れを告げられたり、旅行に一緒に行って、そこで関係が終わったりするのです。

人を愛するメリットよりも、その後のつらさのほうが上回り、一生独身で生きると割り切るほうが、自分に向いている気がしてきました。

交際はしても、別に結婚という古い形にとらわれる必要はないと思うのです。実際、欧米では、事実婚が増えています。

そもそも**女性はなぜ、いざ結婚話が具体的になると、ヒステリーになり、電話も長くなるのでしょう？** 私には理解できません。

結婚はせず、独身で通す生き方をどう思いますか？

「結婚をしないと負け組だ」という風潮は、古いと思うのですが……。

ゴールデン・ウィート（仮名）

パンプキンからのアドバイス

問題は、一生独身で通すか否かにあるのではなく、自分の納得感にある。勝ち組か負け組かは、自分で決めるべし。

問題は交際相手ではなく、自分にある

あなたは「女性は結婚話が具体的になると、ヒステリーになる傾向にある」と言いますが、それは絶対に間違っています。

あなたが何人の女性と、どこまで親密にお付き合いをしてきたかは知りませんが、たまたま相手の人たちが全員そうであったか、あなたが相手をヒステリーにさせる何かをもっているかの問題でしょう。

あなたの言う「女性は結婚が具体的になるとヒステリーになる」という話は聞いたことがありません。たいてい結婚話は期待に胸を膨らませて、夢いっぱいに話が進んでいくものだからです。

つまり、**「問題は女性側ではなくあなた自身にあるのではないか」**と想像しました。

あなたはいつも「いきなり別れを告げられる」そうですが、**あなたにはいきなりでも、相手はギリギリまで、ずっと別れるか別れないかを天秤にかけて、迷っていた**のです。それでとうとう決断せざるを得なくなったときに、別れを告げているのです。

相談文の中に、そのヒントがあるように感じました。「最初はとても愛される」「そして2～3年後にいきなり振られる」パターンについてです。

つまり、**あなたは「友達として付き合うのは楽しいけれど、生涯を共にする相手としては問題が多い」**と受け取られているということです。

交際2～3年は、楽しいことばかりです。おいしいものを一緒に食べ、楽しいところに一緒に行き、会話は新鮮です。相手の多少の欠点までも新鮮に映るものです。しかしその先の結婚となると「相手の人生観や生活習慣などで、どうしても相容れないところがないか」冷静に考えるようになります。

新鮮だった「エクボ」も、はっきりと「アバタ」に見えてくるものです。

欠点まで愛するにも、限度がある

結論を言いますと、あなたはこれまで、**よほどヒステリックな女性としか親しくなれなかったか、あなた自身に原因があるかもしれない**ということです。

基本的に**女性は平穏な日常を好む人が多いもの**です。たとえば、あなたは一緒にいてとても楽しく、ぜいたくもさせてくれるけど、反面、短気で非常に細かいとします。これなら2～3年ならうまくいくことも多いでしょう。

ささいなことに短気だと、最初は相手が合わせてくれていても、そのこと自体が、ある一瞬から嫌になり、バカらしくなるのです。

「いままでそうではなかったのに?」はとおりません。あなたの欠点がどのようなものかはわかりませんが、心当たりはありませんか?

決断を告げられるのは一瞬ですが、その後は永遠です。

結婚話が具体的になれば、相手のことを冷静に考えて判断するのは当たり前です。

「欠点も含めて愛するのが本当の愛だ」といわれることもありますが、それにも程度があります(女性ばかりの離れ小島で男性がひとり、というシチュエーションなら別ですが)。

とくに、いまの若い人は異性との交際も自由で、比較する材料に困りません。2〜3年もあれば判断するのに十分です。**欠点のない人はいませんが、それにも程度がある**のです。

勝ち組か負け組かは、自分の幸福の基準で決まる——自分が変わるべき点は何か？

「一緒に生きたい」と思える人と巡り会えなかったら、独身を通すほうがずっと幸せな生き方だと思います。

ただ、**恋人と夫婦関係では、お互いに対する、そしてお世話になった親戚や社会に対する責任のもち方が違います**。

結婚はお互いをより成長させ、絆や情愛をも責任ある深いものにしてくれることも多いように思います。さらにそれが、より豊かな幸福につながることも多いのです。

「円満な家庭があったおかげで、大きな仕事（または大きな研究など）ができた」と語る人が多いことを想起してみましょう。

夫婦ならではの思いやりや愛情、犠牲が喜びに変わることはたくさんあります。

小鳥が巣をつくる意味を考えてください。巣づくりをわざわざ避けるほうが不自然にみえます。

あなたは女性の電話が長すぎるといいますが、夜中も寝ずに話していたいのが女心というものです。結婚すれば長電話も不要となるのに、それも待てずに長すぎるともめるのは、あなたにその気がない証拠です。その人は運命の人ではありません。

繰り返しますが「一緒に幸せになりたい」と思う人と巡り会えなかったら、自信をもって独身を貫き、勝ち組に入ってください。**本当の幸せは、自分基準で決めるもの**です。

しかしその前に、**いまのあなたは「自分が変わるべき点は何か」を考えるべき**です。

結婚話が煮詰まったころで別れを告げられた彼女たちに共通していた、あなたへの要望なり助言は、どのようなものでしたか？　それを誠実に受け止め、実行に移せていましたか？

ここからの教訓こそが、あなたが心豊かに生き、勝ち組に入るための必須条件だと思います。

【このケースに学ぶ3つのポイント】

☑ 別れは突然訪れるように見えて、水面下で長時間かけて静かに進行しているものである。

☑ 欠点まですべて愛するにも、限度がある。

☑ 自分を大切にしてくれる人からの誠実な要望は、真摯に受け止める。

人間関係 最高の教訓 40

本当の幸せは勝ち負けではなく、自分基準で決める。自分が変わるべき点が何かを、常に考えつづけよう。

総括——結婚関係・人間関係のベストプラクティスとは

結婚悲観論者が急増中!?

理想的なカップルに学ぶ、夫婦円満3つの秘訣

「夫婦円満の秘訣」とは？

本書の執筆を通じて、多くの若い人たちとお話をして、気がついたことがありました。**「結婚に対するいいイメージがもてない」**という独身者がいるのです。

家庭のトラブルの悩み相談を長年担当してきた者としては、**結婚の面倒な側面だけを浮き彫りにしてきたことは否めません。私にも「『結婚悲観論』への責任が多少あるのではないか」と感じました。**

というのも私自身の周りを見渡しても、実際には絵に描いたような幸福な結婚生活を送っているか、そこまででなくても「見ず知らずのパンプキン」に相談する必要などさらさらない、**それなりの結婚生活をしている夫婦のほうが圧倒的に多い**わけです。

そこで、私がいままで見てきた**「自他共に認める、幸福な結婚生活を送っている人たち」に共通するものを、紹介する責任も私にはあるのではないか**と、考えるに至りました。

あくまで私個人が感じたことで、どれも一見平凡なことですが、私が見つけた共通点は次のとおりです。

【秘訣1】ワインが熟成するように夫婦の絆を深める「お互いを敬愛する思い」

私は団塊世代ですので、友人・知人は金婚式を迎えたり、それに近い年月を共にしている夫婦がほとんどです。

その中から「神様が引き合わせたのかしら」と思えるほど仲良く、円満な夫婦がもつ最大の共通点は**「お互いが尊敬し合っていること」**だと、常々感じてきました。

それは「愛情」だという人も多いと思います。

ですが、結婚生活50年以上でいちばん大切なものを愛情とするのは、少し言葉が足りないような気がします。**尊敬にもとづかない愛情は、もろさをはらんでいる**からです。

私は数多くの模範となる夫婦をモデルに、毎回寄せられる相談への回答を書いていますが、彼らが偶然尊敬できる相手に巡り会った人たちだとは思いません。

最初は、真面目に誠実に生きる人同士が出会い、結婚しました。誠実な人同士の結婚ですから、お互いに幸せであろうと努力し、思いやりを惜しみなく出し合います。

性格の不一致を埋め、価値観の違いを認め合い、お互いの欠点を指摘し合うコミュニケーションがお互いの側に十分にあります。それはまるで、**ワインが熟成するように、夫婦の情愛が自然に深まった人たち**に、私には思えます。

「自然に」といっても、当然すれ違いなどはあったはずです。**相手の幸福を最優先に考えることは、お互いの幸福の追求につながります。そして普通なら犠牲になったと思うようなことでも、この人たちには喜びだったに違いない**と感じられるのです。

あまりこのような分析は得意ではありませんが、**シンプルに「愛情＋尊敬」がカギ**といえるでしょうか。

大恋愛の末結婚したカップルが、その愛情の炎を育てることができず、すぐに燃えつきさせてしまうのとは対照的です。

【秘訣2】よい家庭への希求を強くもち、「相手の欠点ごと大切にする」

「よい家庭をつくりたい」という想いは、誰にでもあると思います。ただその方向や想いの強さに問題があるように見えます。

「よい家庭」のビジョンも、見る方向を間違えばバラバラになりますし、想いが弱ければ、すぐに誘惑に負けてしまいます。

円満夫婦に共通していえるのは、お互いに「よりよい家庭を築くための要求が貪欲なことです。

他家と比較したり、パートナーより自分が払う犠牲のほうが大きいなどと比べたりするようなことはしません。

本書でも触れた、**「自分の人生に満足している人は、他者を妬む隙間もない」**という自分らしい生き方で、お互いにいい意味で影響し合い、まさに薪をくべるように、新たな絆や情愛を育んでいっている夫婦に見えます。

パートナーのミスや欠点をあげつらう人がいますが、およそ「よい家庭」を求めている人とは思えません。

よい家庭への希求と真の情愛があれば、相手の欠点ごと大切に感じるものです。何かができるから愛があるとか、できないから憎い、という類のものでは決してないのです。

【秘訣3】あいさつや感謝の気持ちを惜しみなく伝える「密なコミュニケーション」

3つめにあげたい重要な教訓は、**夫婦の意思疎通がスムーズであること**です。

よく「『女子《おんなこ》ども』の話を聞くのは面倒くさい」とか「要点だけ話して」とか、心ここにあらずといった態度で、妻の話を聞く人がいます。

また、外の問題を持ち込んでいつも不機嫌だったり、短気でイライラしながら話したり、家庭内でも上から目線で話す癖のある人がいます。

こういう人ほど、自分の話だけは饒舌です。

しかし、しまいには、**妻からは必要なことさえ話されなくなり、仮面夫婦の道へまっしぐら**となるのです。

円満な夫婦は、そのどれも当てはまりません。

今日のモデル夫婦に共通することのひとつは、**お互いに空気のような存在になってからも、あいさつや感謝の気持ちを惜しみなく伝え合い、夫婦の会話がとても密なこと**です。

家族にとって深刻な問題も、お互いを思いやって真摯に向き合えば乗り越えられるのは、このような努力があればこそです。

以上、3つの秘訣について述べてきました。

夫婦円満な家庭を長年築いている人たちのいちばんの共通点は、双方が誠実で素直な人であることと、結婚相手への敬愛心を薪の炎のようにくべつづけることができる人であることだと思います。

逆境にこそ活きる家族の絆

もちろん長い結婚生活では、必ずや多くの試練にぶち当たります。

そんな逆境や試練のときこそ、私が知る理想的なカップルは、愛情を大きな力に変え、励まし支え合い、さらに絆を深めているように感じます。

ずいぶん前の話ですが、演奏会中に脳溢血《のういっけつ》で倒れたピアニストの舘野泉氏は、後遺症で右半身が麻痺しました。

ピアノを弾けない失意の中でつらい日々を過ごしていましたが、その間フィンランド人でソプラノ歌手でもある夫人の献身的な介護が印象的だったのを憶えています。

ある日、舘野氏の息子さんが「左手のためだけに作曲された楽譜」を見つけてきたのがきっかけで、氏は完全にピアニストとして復活を遂げました。この夫婦にしてこの息子ありと記憶したほど、家族から尊敬され愛される舘野氏ならではの復活劇でした。

家族にしかできないこと、家族だからこそできることはたくさんあります。「結婚にいいイメージがもてない」などと、決して言わないでください。

家族ならではの面倒なことや困難な問題はたしかにあります。しかし、それと比較できない幸福をもたらしてくれるのも、また家族です。

面倒を恐れるよりは、心を通い合わせる人と暮らせる幸福や、避けられない困難など

を支え合う家族の存在に、目を向けてほしいと思います。

大きな仕事をやり遂げた人が、「家族への感謝や家族の支えがなければできなかった」ということを必ずといっていいほど述べているのを、思い出しましょう。

結婚は、「お互いの心がけ次第で素晴らしいものにできる」と、自信をもっていただけることを願ってやみません。

人間関係
最高の教訓
総括

お互いに対する敬愛、よい家庭への希求、十分なコミュニケーション、そして逆境での相互支援が、最高の人間関係の基本。

協力者からのあとがき

ビジネスも家庭も、人間関係をよくするための基本は一緒

約400ページにわたる大長編の本書であったが、お楽しみいただけただろうか。

じつは元のドラフト原稿は1000ページを超える分量だった。そこから、多くのコラムはもはや原形をとどめないまでに書き直され、編集に編集を重ねて凝縮した果てに、『一流の育て方』からじつに3年近くの月日を経て完成させることができた。

いまだに「『一流の育て方』を読んでいます」というお便りをいただくのが、パンプキンと私、母子共通のこの上ない喜びだ。本書も「夫婦の教科書」及び「ビジネスパーソンの人間関係の教科書」として、長きにわたってご愛読いただければ幸いである。

ここで最後に、本書で共に学んできたことを、夫婦に限らずシングルの人にも当てはまる、「ビジネスでも共通する人間関係の教訓」という形でおさらいしたいと思う。

本書の各コラムの教訓をまとめた以下の40項目のチェック欄に印をつけて、自問してみよう。すると、これらの「人間関係の教訓」が、家庭や夫婦のみならず、ビジネス及び人生全般の人間関係に共通する教訓であることを、見て取っていただけることだろう。

第1章

コミュニケーション

□ ① 不快に思うことは、相手にははっきりと伝えているか？
【妻の話がつまらないケース→（P038）】

□ ② 人の短所は、視点を変えることでプラスに解釈しようとしているか？
【夫に感情がなく、性格が暗いケース→（P047）】

□ ③ 「触らぬ神にたたりなし」と、意思を伝える勇気を失っていないか？
【裏表の激しい、ヒステリー妻との生活に疲れたケース→（P057）】

□ 4
相手を思いやり、相手のための犠牲を喜びとしているか？
【仕事を優先した結果、夫の気持ちが離れてしまったケース→（P066）】

□ 5
初期に役割分担の期待値を合わせているか？
【甘やかした若妻が、突然家出したケース→（P073）】

第2章　お金

□ 6
相手の浪費継続を助長しているのは、自分ではないか？
【浪費家の妻に悩むケース→（P084）】

□ 7
金銭感覚の違いを、敵視していないか？
【嫁ぎ先が裕福で、義父母に違和感を覚えるケース→（P092）】

□ 8
人間関係の損切りをできずに、被害を拡大させてしまっていないか？

【お金にルーズな夫と離婚したいが、まず貸したお金を返してもらおうとするケース→（P100）】

□ 9
肝心なときに無責任な相手に、将来の責任ある態度を期待していないか？
【生活費を払わず、離婚をちらつかせ育休中の妻を愚弄する夫のケース
→（P109）】

□ 10
「これまで耐えたから」という理由で過去に引きずられ、
つまらないパートナーの道連れになっていないか？
【夫が飲む・打つ・買う・殴るの四拍子そろっている最悪なケース→（P117）】

第3章

浮気・不倫

□ 11
自分自身をだましてまで、相手を信じようとしていないか？
【浮気癖のある暴力夫が開き直るケース→（P130）】

□ 12
いま切る必要のない縁を、急いで切ろうとしていないか？
【経済的な責任は果たすが、女性関係に不誠実な夫に未練があるケース→
（P139）】

□ 13
いまのパートナーは、自分自身を犠牲にするほどの相手なのか？
【風俗狂いの夫を許せないが、子どものために結婚継続を選び、
大切な仕事をあきらめたケース→（P148）】

□ 14
相手に執着して裏切りと屈辱に耐えつづけるより、その人間関係はリセットしたほうがよいのではないか？

［不倫妻がウソをつき、開き直るケース→（P157）］

□ 15
責任が伴わないときだけ成立する、一過性のパートナーに振り回されていないか？
［ダブル不倫の末、相手の子を出産したが捨てられたケース→（P166）］

□ 16
人を恨みつづけることで、自分の人生を台無しにしていないか？
［自分の家庭を崩壊させた女性の幸福が許せず、苦しむケース→（P174）］

第4章 暴言・暴力・虐待

□ 17
自尊心が貶められる不幸の継続を、自ら選択していないか？
［「お前は異常者だ」と17年間暴言が繰り返されたケース→（P184）］

□ 18
生活費のためにすべての屈辱に耐え、人生を安売りしていないか？
［妊娠中の妻を使用人扱いして中絶を迫る夫のケース→（P192）］

□ 19 相手のレベルの低さを見抜き、自分の思いをはっきり伝えているか？
【妻とその家族からの罵倒に耐えられない夫のケース→（P200）】

□ 20 現状の延長線上に解決法がないとき、傍観せずに、出口を自分で見つけられているか？
【殴る、蹴るの夫の暴力が止まらないケース→（P209）】

□ 21 悩みを自分ひとりで抱え込み、状況を悪化させていないか？
【伴侶が心の病で暴力を振るうケース→（P217）】

第5章 子ども

□ 22 自分が思う理想像に固執し、それを相手に押し付けていないか？
【夫が子育てに無関心で、パートナーと思えないケース→（P230）】

□ 23 社会的弱者の心の痛みを、きちんと共感できる人間を育てられているか？
【ガキ大将の息子が悪意なきいじめっ子になっているケース→（P239）】

□ 24
本人の意思を尊重せず、進路を押し付けていないか？

［進学校に子どもを入れたいが、家族が反対しているケース→（P247）］

□ 25
うわべだけの人間関係を気にして、八方美人に振る舞っていないか？

［ママ友付き合いが苦手で、子どもの苦労を心配しているケース→（P254）］

□ 26
子どもに、「自分は大切にされた存在」という自己肯定感を与えられているか？

［夫がモラハラで子どもの自己肯定感を下げているケース→（P264）］

□ 27
社会が決めつける「幸福の形」に、過度に縛られていないか？

［子どもを産めない女性は、何かが欠けているのではないか？　と心配するケース→（P271）］

第6章 義父・義母、親族

□ 28
嫌い＝即絶縁とならないよう、争うステークホルダーたちの橋渡し役を果たしているか？

［嫁と姑の確執が深刻なケース→（P282）］

□ 29 空気のような存在になり、奴隷扱いに慣れていないか？
【夫の白血病も妻のせいにする横暴な姑と自分を責める夫に、どこまで耐えていいかわからないケース→（P290）】

□ 30 パートナーのさまざまなステークホルダーとの関係を重視することで、より豊かな人間関係を築けているか？
【実家との親戚付き合いを嫌がる夫に立腹する妻のケース→（P298）】

□ 31 その犠牲と忍耐は、一方的で持続不可能なものになっていないか？
【結婚直後に豹変した妻と、その親族にたかられる生活を送る夫のケース→（P307）】

□ 32 相手への懸念を、言いづらくとも伝えられる関係を構築できているか？
【実家の家庭環境が劣悪な彼との結婚を、逡巡しているケース→（P315）】

第7章 離婚後と再婚

□ 33 中途半端ではなく、毅然とした態度で明確に別れているか？
【離婚した夫が出ていかず、同居が続いているケース→（P328）】

□
34
縁のなくなった相手にしがみつかず、
自分が護るべき相手への責任を果たせているか？
【「夫に愛されなかった自分は、子どもも愛せない」と嘆いているケース→
（P336）】

□
35
周囲の詮索に過剰なコンプレックスを抱かず、
いまの自分を肯定できているか？
【シングルマザーである自分に引け目を感じているケース→（P343）】

□
36
小手先の言葉ではなく、
「愛されている」という安心感を子どもに与えられているか？
【思春期の娘との接し方がわからないシングルファザーのケース→
（P353）】

□
37
孤独から逃れるために、
自分に相応しくないパートナーを選んでしまっていないか？
【元ヤクザの恋人が、自分を実家から遠ざけようとしているが、
将来寂しくなるのが不安で一緒にいるケース→（P362）】

□ 38

自分を過小評価せず、信じる道を誠実に歩む中で、生涯のパートナーを探せているか?

【容姿が良くない自分は、再婚をあきらめるべきか悩んでいるケース→(P370)】

□ 39

家族の人数が増えても、「自分は大切にされている」という安心感を子どもに与えられるか?

【ダブル子連れ再婚で幸福な家庭を築く方法を問うているケース→(P378)】

番外編

□ 40

自分を大切にしてくれる人からの言葉を真摯に受け止め、自分が変わるべき点が何かを常に考えられているか?

【結婚してもろくなことがない、と絶望している未婚者のケース→(P385)】

総括

□□□

総括

相手を尊敬し、よい人間関係のビジョンをもち、相手の欠点をあげつらわず、真摯なコミュニケーションができているか？

以上、40の教訓と総括の内容を自問してチェックリストを整理すれば、大体の家庭や人間関係の悩みごとに、解決の糸口を見出していただけるだろう。

私自身、パンプキンによる本書の執筆において長らく伴走したことは、多くのことを学ぶ契機となった。

とくに私の心に響いたのは、「番外編」で、悩めるゴールデン・ウィート氏にパンプキンが授けた、「欠点を愛するにも限界がある」「調子に乗らず、自分のことを想って意見してくれる人の言葉を大切に」「常に自分の何を変えなければならないか考えること」の大切さである。

このように私自身も、相談者の質問の状況と自分自身を重ね合わせて教訓を得る機会が多かったわけだが、読者の皆様はどのようにお読みになられただろうか？

本書が、人間関係に悩むすべての人に癒やしと励ましを与え、せっかくの人間関係を良縁に変え、どうしようもない悪縁はそれに気づき、断ち切る勇気を与えてくれることを、願ってやまない。

それでは最後に、パンプキン本人からのあとがきで、本書を締めくくりたいと思う。

ムーギー・キム

おわりに

幼少期の「原風景」にみる、お互いを思いやる心の大切さ

私の原風景は、昭和20年代にさかのぼります。

鴨川で職人さんたちが友禅流しをしていて、美しい色鮮やかな反物が何本も空中に舞い、水面にさらされています。堤防にはコスモスが咲き乱れ、風に揺れています。

高瀬川ではウイスキー樽を半分に割ったような桶に入った農家のおじさんが、2本の長い櫂棒《かいぼう》を巧みに操って、小芋の土落としをしています。

路地裏では、豆腐売りのラッパの「パプー、パプー」という音、「さおだけ〜、さおだけ〜」「キンギョやキンギョ〜」「シジミー！　明石のタコ、どや（どうですか）！」などと物売りがいつもやって来てにぎやかです。

テレビもない「夜のしじま」に聞こえてくるのは、蒸気機関車の「シューッ、ポッポ〜」という、なぜかわびし気な汽笛だけ……。

それは、いわゆる味噌・醤油の貸し借りは日常茶飯事の、人間関係の濃い、人情あふれる世界でした。

驚かれるかもしれませんが、あるとき私の甥っ子が近所に貸し出されたことがあります。

他府県から近所に駆け落ちしてきて間もない若夫婦が、彼らに子どもを授かったと親をだますため、まだ付き合いが浅かった私の兄夫婦から乳飲み子を借りて、3泊4日の帰省に連れていったのです（甥は言葉を覚える前でしたから、完璧に孫を演じ切りました）。

味噌も醤油も赤ちゃんも貸し借りしたという地域、そしてほのぼのした時代でした。

そんな土地柄ですから、周囲1キロほどの大人や子どもは皆、顔見知りです。

その中で、この半世紀以上、1枚の写真のように私の脳裏に焼き付いた、いまでいうホームレス風の兄妹の姿があります。

私の記憶では、2人は7歳と4歳。民家の軒先の小さな食堂の前に、お惣菜やおやつを買いに来た大人や子どもの人だかりの後ろに、いつも無言でそっと立っていました。

そのうちに食堂のおばさんが、新聞紙の切れはしに包んだコロッケをひとつ、兄のほうに「はい！」と差し出すと、2人はやはり無言でそれをもらい、少し離れたところで、きれいに半分に分けて食べていました。

2人は3、4日に一度そこへ来ましたが、両親がいない兄妹と聞いていました。就学前の私は、兄がきれいにコロッケを分けるところまでいつも見届けていました。

戦後10年も経たない、洗濯機も冷蔵庫もテレビもない時代でした。

当時のわが家の炊事・洗濯用の水はポンプ式の井戸水で、きれい好きな兄嫁が始終ごつごつした大きなシーツ類を洗うので、背丈が足らず踏み台に乗ってポンプで水を汲まされた私の手のマメは、治る間がありませんでした。

そして路地の真ん中にも、四谷怪談に出てくるような共同井戸がありました。

そこでも毎朝ちょっとした洗濯や皿洗いが繰り広げられていて、地域外から嫁いで来た若いお嫁さんたちの息抜きの場になっていました。

文字どおりの井戸端会議ですが、オブザーバーの私はおませにもお嫁さんたちの愚痴を、本能的に姑の立場にあるわが母の立場になって聞くともなく聞き、いつも小さな胸を痛めていました。いま思えば、パンプキンの英才（?）教育は、このときから始まっていたのでした。

特別に行事がなくても、近所の大人や子どもは皆、気安く言葉を交わす間柄でした。大人たちは冬になればあちこちで「どんどん」（冬の焚き火や落ち葉焚きを、私たちはこのように呼びました）をやり、子どもたちはどこの「どんどん」に入ってもよく、そこで暖まりながら大人たちの会話を聞きました。

他人のやんちゃ坊主を説教する大人も普通のことで、「どんどん」の中で焼き芋ができあがれば、居合わせた子どもたちに気前よく分け与えられました。

友禅流しと風に揺れるコスモスの群生、一寸法師のような小芋洗い桶、物売りの掛け声と蒸気機関車の汽笛、ポンプ汲みでできた手のマメと路地裏の井戸端会議の風景、そして「どんどん」のぬくもりと薪が燃える匂いと煙は、私がいままで繰り返し回想してきた原風景です。

なかでも強烈なのは、コロッケを真半分に分けて無言で食べていた、あの兄妹でした。

あれから、60年以上が経ちました。

私の知人に大型ごみ集積場で拾ってきたものだけで、高級料亭の内装を自力で仕上げた人がいます。ガラスでできた障子戸風ドアやレトロなテーブルといす、照明器具や灯《と》籠《ろう》・庭石に至るまで、「庭に飛んでいる蛍以外は全部そこで調達した」というのが彼の自慢です。

私たちはいま、ものが過剰にあふれている時代を生きています。

よく指摘されることですが、あふれるものや便利さと引き換えに、私たちが失ったものの大きさは、前述したような原風景をもつ私にもはっきりと見えます。

その最たるものが、「お互いを思いやる心（人情）」ではないでしょうか。親子・夫婦・きょうだい間の争いや事件などが、もはやニュースではなくなり、よくある話になったのは悲しすぎる現実です。

あのコロッケをきちんと半分に分けて食べていた貧しい兄妹を思い出すまでもなく、「衣食足りて礼節を忘れる」事件は、忘れる間がないほどあふれています。

人間関係が崩壊した地域も少なくありません。

いまなら夜中でもコンビニエンスストアがありますから、味噌・醤油の貸し借りまでは「親しき仲にも礼儀あり」となりますが、他人の子を叱るなどというのは、学校の先生でも難しい時代になりました。それどころか、子どもの機嫌を取りながら育てている親も少なくありません。その結果、「親より偉い」と錯覚する子どもが増えたのです。

翻《ひるがえ》って、昔は10円玉ひとつあれば駄菓子屋で遊べたのに、その10円玉さえ親から滅多にもらえない子が、周囲にはたくさんいました。私もそうですが、それでもみんな、親が大好きで大切で、どんなに10円が欲しくても、ときには『ひまわり』や『マーガレット』（当時人気の少女漫画雑誌）を買ってほしくても、親におねだりして困らせることはいっさいしませんでした。

何も買ってもらえず、いまどきの親のように優しくもないのに、皆お母さんが大好きだったのです。衣食が足りるようになってから、何が不足なのか、問題ある親や子が「出現」したように思えて、不思議でなりません。

牧歌的で彩り豊かな原風景は同時に、わが最愛の母・金善順の存命中の記憶です。その追憶の中で母は甦り、逆境のときには「ここで負けては母の苦労がムダになる」と、自らを鼓舞してくれる風景となりました。

そして結婚して四半世紀を姑と同居した私は、嫁の微妙な立場がよくわかり、いまでは姑にもなりましたので、否が応でも視野は多角的になりました。

親きょうだい以外の人ともべったりした人間関係の中で育った私は、良くいわれるときは「人なつこく、フレンドリーな人」となりましたが、それは反面「馴れ馴れしすぎる」「古い考えで決めつけすぎ」などと反感を抱かれることでもあり、手痛い経験もたくさんしました。

そんな私にいつのころからか、よく相談がもちかけられるようになったのです。

その経験がありがたくも、「東洋経済オンライン」の「ミセス・パンプキンの人生相談室」につながりました。

はじめの4年間は毎週、その後は隔週の割合で担当し、その中から抜粋して回答に改訂やオンライン未掲載分を加え、本書を上梓することができました。相談者を励まし、元気を出せるエピソードや教訓も、たくさん紹介することができました。

これまでの経験から、私は、「言うは易く、行うは難し」の場面に数多く遭遇してきました。その経験と多くの後悔を教訓に、相談者には「難しくても行動に移すべきだ」と助言をさせていただきました。

人間関係のトラブルまたは感情の行き違いは、誰が悪かったとか問題が深刻すぎたとかいうのではなく、どちらも人間としては発展途上だからこそ起こる問題も多いものです。その多くからは、「お互いの考え方や言動を変えるだけで解決することができる」という教訓を得ることもできました。

逆に、出口のない人間関係の悩みからは、ときに悪縁を断ち切る大切さも学んできました。

70歳を少し過ぎたばかりでまだまだ未熟者ですし、反省点もたくさんありますが、ひとりでも多くの方々に本書の中で参考になるものを見つけていただき、少しでも皆様の人生のお役に立つことができれば、と願うばかりです。

本書は、東洋経済新報社出版局編集第二部・中里有吾編集長と担当編集者の田中順子氏、そして若林千秋氏のご尽力により書籍化されました。感謝の言葉が見つかりません。本当にありがとうございました。

また、長期間にわたり根気よく助言をくださり、「ミセス・パンプキンの人生相談室」を編集してくださっている「東洋経済オンライン」の山田俊浩前編集長（現『週刊東洋経済』編集長）にもお礼を申し上げます。

そして何度か、相談室を休憩しようともちかけるたびに、同じ年齢のヒラリー・クリントンさんや、年上の瀬戸内寂聴さんのご活躍を話題に出し、「甘えたらアカン、100歳まで連載や！」と叱咤激励してくれた、息子のムーギーにも礼を言わなければなりません。お2人がビッグすぎて、叱咤激励にもなっていませんでしたが。

最後に、「パンプキンだけが頼り」と、パンプキンを信じて相談してくださった皆様と、それを読んで「励まされている」「いつも楽しみにしている」とお便りをくださった多くの読者の皆様、そのお声がけに逆にパンプキンが励まされて、ここまで来ました。心よりお礼申し上げます。

２０１８年12月

パンプキン

【著者紹介】

ミセス・パンプキン
立命館大学法学部卒業。家庭問題、人間関係、人生相談の専門家として、国内最大級の経済メディア「東洋経済オンライン」で長年にわたり人気コラムを連載し、6年間で7300万PVを突破。4人の子どもはそれぞれプライベートエクイティ・プロフェッショナル、ニューヨーク州弁護士やロンドン勤務の公認会計士、北米名門大学教員など、グローバルに活躍するプロフェッショナルに成長。

「20年後、子どもに感謝される育児法」をコンセプトにした、ムーギー・キム氏との共著『一流の育て方』（ダイヤモンド社）は20万部を突破し、5カ国語で翻訳され、大ベストセラーとなった。「育児」「家族関係」「人間関係の改善法」をテーマに、講演・執筆多数。

http://www.pumpkinsalon.com/

【協力者紹介】

ムーギー・キム
慶應義塾大学総合政策学部卒業。INSEADにてMBA（経営学修士）取得。大学卒業後、外資系金融機関の投資銀行部門や、外資系戦略コンサルティングファーム、外資系資産運用会社での投資アナリストとして勤務した後、香港を拠点にアジア太平洋地域でのプライベートエクイティ投資ファンドに参画。フランス、シンガポール、上海での留学後は、大手バイアウトファンドで勤務。現在はシンガポールと日本を拠点とし、P6Partners（シンガポール）共同代表および、INSEAD在学中に師事したチャン・キム教授が共同創設したブルーオーシャングローバルネットワークの一員として、大企業向けに各種イノベーション促進サービスを提供。チャン・キムINSEAD教授の『ブルー・オーシャン・シフト』邦訳版では、日本企業のケースを執筆している。

投資、人材（採用・育成・働き方改革）、ブルーオーシャン戦略の専門家として執筆し、各種経済メディアでのオンラインコラムは累計1億PVを超える。国際的ベストセラー作家としても知られ、著作は6カ国語で出版、累計60万部を超える。主著に『最強の働き方』（東洋経済新報社）、『最強の健康法』（SBクリエイティブ）、『最強の生産性革命』（竹中平蔵氏との共著、PHP研究所）そして2019年新著の『最高の生き方』（KADOKAWA）などがある。日本語・英語・韓国語・中国語を操り、国内外で多数の講演をこなす。

https://moogwi.com/

あらゆる悩み・不満・ストレスが消える！最強の人生相談〈家族・結婚・夫婦編〉
ビジネスの成功にも共通する　人間関係、深すぎる40の教訓

2019年1月3日発行

著　者——ミセス・パンプキン
協力者——ムーギー・キム
発行者——駒橋憲一
発行所——東洋経済新報社
〒103-8345　東京都中央区日本橋本石町 1-2-1
電話＝東洋経済コールセンター　03(5605)7021
https://toyokeizai.net/

ブックデザイン……上田宏志〔ゼブラ〕
イラスト…………ソリマチアキラ
D T P…………アイランドコレクション
印　刷…………ベクトル印刷
製　本…………ナショナル製本
校　正…………佐藤真由美／加藤義廣
編集アシスト……若林千秋
編集担当………中里有吾／田中順子
　Printed in Japan　ISBN 978-4-492-04630-2